120
, 81

Λ

REMARQUES

SUR

LA VERSION DE LA BIBLE DE M. LOUIS SEGOND

DOCTEUR EN THÉOLOGIE

PAR

GUSTAVE-A. KRÜGER

PASTEUR DE L'ÉGLISE ÉVANGÉLIQUE LIBRE DE VABRE (TARN)

> Altérer sciemment l'exactitude du sens, ne fût-ce
> que d'une nuance, afin de flatter le lecteur par une
> forme littéraire plus élégante, c'est manquer de
> respect à ce même lecteur et encore plus à la Parole
> sainte.
>
> *Avant-propos de la version de M. Segond, p. xv.*

PARIS

J. BONHOURE et Cie, ÉDITEURS

48, RUE DE LILLE, 48

—

1881

14878

REMARQUES

SUR

LA VERSION DE LA BIBLE DE M. L. SEGOND

AVANT-PROPOS

Quelle différence entre les chrétiens du premier réveil de ce siècle et notre génération ! Alors on discutait, au point de vue de la fidélité doctrinale, la supériorité de la version de Martin sur celle d'Ostervald. On s'efforçait, je le dis sans aucune nuance de blâme, avec un soin jaloux, de couler le moucheron. Aujourd'hui, nous avalons des chameaux. Nous acclamons avec enthousiasme la version de M. Segond, bien qu'elle élimine plusieurs des principales prophéties messianiques. Nos journaux religieux évangéliques en ont fait l'éloge les uns après les autres, depuis la *Revue chrétienne* et l'*Église libre* jusqu'à l'*Ami d'Israël*. Cette dernière feuille, cependant, aurait dû avoir dés motifs tout particuliers pour désirer retrouver intégralement les prophéties messianiques dans la nouvelle version.

La limpidité du style a-t-elle donc tellement ébloui les lecteurs de la Bible de M. Segond, qu'ils n'y ont pas aperçu les graves lacunes dogmatiques ? Ou bien trouve-t-on que ces erreurs ne valent pas la peine d'être relevées ? Ou même ne les regarde-t-on plus comme des erreurs ? Dans le premier cas, on s'est rendu coupable d'une bien grande précipitation dans une question de premier ordre : la large diffusion d'une traduction nouvelle de la Parole inspirée de Dieu, source unique et exclusive de toute connaissance chrétienne. Dans les deux autres, on aurait prouvé que, malgré notre activité religieuse, malgré nos efforts pour maintenir la vérité évangélique et malgré nos prières multipliées pour une action plus puissante du Saint-Esprit, nous sommes atteints d'une mala-

REMARQUES

SUR

LA VERSION DE LA BIBLE DE M. L. SEGOND

AVANT-PROPOS

Quelle différence entre les chrétiens du premier réveil de ce siècle et notre génération! Alors on discutait, au point de vue de la fidélité doctrinale, la supériorité de la vers... n de Martin sur celle d'Ostervald. On s'efforçait, je le dis sans au...ne nuance de blâme, avec un soin jaloux, de couler le moucheron. Aujourd'hui, nous avalons des chameaux. Nous acclamons avec enthousiasme la version de M. Segond, bien qu'elle élimine plusieurs des principales prophéties messianiques. Nos journaux religieux évangéliques en ont fait l'éloge les uns après les autres, depuis la *Revue chrétienne* et *l'Église libre* jusqu'à *l'Ami d'Israël*. Cette dernière feuille, cependant, aurait dû avoir des motifs tout particuliers pour désirer retrouver intégralement les prophéties messianiques dans la nouvelle version.

La limpidité du style a-t-elle donc tellement ébloui les lecteurs de la Bible de M. Segond, qu'ils n'y ont pas aperçu les graves lacunes dogmatiques? Ou bien trouve-t-on que ces erreurs ne valent pas la peine d'être relevées? Ou même ne les regarde-t-on plus comme des erreurs? Dans le premier cas, on s'est rendu coupable d'une bien grande précipitation dans une question de premier ordre : la large diffusion d'une traduction nouvelle de la Parole inspirée de Dieu, source unique et exclusive de toute connaissance chrétienne. Dans les deux autres, on aurait prouvé que, malgré notre activité religieuse, malgré nos efforts pour maintenir la vérité évangélique et malgré nos prières multipliées pour une action plus puissante du Saint-Esprit, nous sommes atteints d'une maladie mortelle : l'indifférence doctrinale et l'incapacité de discerner les esprits.

J'espérais toujours que quelque voix influente pousserait un cri d'alarme. Au contraire, au mois de janvier dernier, une petite feuille publiée par un dévoué serviteur de Jésus-Christ pour les membres de *l'Union pour la lecture de la Bible et la prière*, vint à son tour recommander la version de M. Segond et l'offrir à bas prix à ses trois mille cinq cents lecteurs. Dès lors je ne pouvais plus me résigner au silence. Si les forts se taisent, c'est aux plus faibles d'élever la voix et d'avertir les Églises.

Telle est l'origine de cette critique, qui aurait paru trois mois plus tôt sans un incident indépendant de ma volonté, et une absence de six semaines. Sous un certain rapport, je n'ai pas regretté ce retard. Grâce à lui, j'eus connaissance des *Notes critiques* dont il est question à la page 68, et j'appris aussi par *l'Église libre* du 1er juillet que K., que je ne connais pas, et B., qui est un fidèle pasteur de l'Eglise réformée officielle, ont adressé à cette feuille des lettres critiquant la version en vogue, lettres auxquelles la rédaction a, paraît-il, refusé l'insertion. J'appris, par la même voie, que M. le pasteur Henri Blanc, de Vauvert, avait présenté au synode régional de Codognan un rapport critique sur la version de M. Segond, rapport que cette assemblée par un vote formel a recommandé au Synode général qui doit se réunir à Marseille en Octobre prochain. L'auteur de ces pages n'est donc plus seul à avertir ses frères ; c'est pour lui un grand encouragement. Il n'a pas jugé inutile de les publier, car plus il y a de protestations, mieux cela vaut pour la sainte cause que nous défendons l'intégrité des oracles de Dieu.

Sous ce rapport, il est très regrettable que *l'Eglise libre* n'ait pas ouvert largement ses colonnes à un débat contradictoire sur les mérites ou les défauts de la version qu'elle patronne ; et que K. et B. n'aient pas, eux aussi, publié leurs critiques, *l'Eglise libre* refusant de les insérer. Ni crainte, ni fausse modestie, ni sacrifices ne doivent nous retenir dans une circonstance aussi solennelle. Pourquoi ne pas traiter au grand jour des questions de cette importance ?

Mais comment un homme comme M. Segond, qui n'a voulu mettre sa science qu'au seul service de la vérité, aurait-il pu se tromper à ce point ?

On a fait à l'auteur de ces lignes cette objection avec une certaine insistance. Si délicate qu'elle soit, il faut y répondre ; car il y a toujours des hommes qui jugent d'une œuvre plutôt par le nom de son auteur que par son mérite propre.

Or, voici un autre traducteur de la Bible, M. Reuss. Je parlerai de lui avec la mesure que commande le respect pour un ancien professeur à qui j'ai de grandes obligations. La valeur scientifique de cet éminent théologien ne peut être mise en doute, sa sincérité non plus ; il en a donné des preuves évidentes dans son Commentaire sur le Nouveau Testament. Eh bien ! malgré les qualités personnelles du traducteur, son œuvre s'écarte bien plus à gauche que la version de M. Segond.

Autre exemple : Voici une Société de traducteurs, composée de pasteurs fidèles et de savants docteurs en théologie, appartenant à la France et à la Suisse. Après de longues années d'un travail collectif, ils publient, après l'avoir consciencieusement revisée, leur œuvre à Lausanne (de là le nom de *Version de Lausanne*, voir page 54). Qui oserait dire qu'ils n'ont pas mis leur science et leur zèle au seul service de la vérité ? Or, ils sont arrivés à un tout autre résultat que M. Segond. On retrouve dans la version de Lausanne les passages messianiques que M. Segond a éliminés.

Nous avons ainsi, d'un côté, à droite, la version de Lausanne ; du côté opposé, à gauche, la Bible de M. Reuss ; entre les deux, mais penchant sensiblement vers la gauche, la traduction de M. Segond. Les auteurs de ces trois versions ont été des théologiens d'une science incontestable, au courant de la philologie sacrée, de l'exégèse et de la dogmatique, et ils avaient tous le sincère désir de ne travailler que pour la vérité.

D'où viennent alors des résultats si différents ?

Qu'on me permette une comparaison ; aussi bien est-ce surtout aux simples chrétiens que ces pages s'adressent : L'un des côtés du temple anglo-français de Pau longe un étroit passage, borné par une maison dont la hauteur dépasse celle du lieu de culte. L'autre donne sur un vaste espace libre et jouit pleinement du soleil. Les vitraux peints du premier côté sont ternes, les couleurs en sont sans éclat et mortes ; les vitraux de l'autre sont brillants et animés. Les uns et les autres sont l'œuvre du même artiste, mais ils sont inégalement exposés : ceux de gauche manquent de lumière, ceux de droite sont pénétrés du soleil en vue duquel ils ont été faits. Si vous les regardez du dehors, en tournant le dos au soleil, vous ne verrez que des verres opaques entourés de plomb ; à peine distinguerez-vous quelques grossières nuances. Pour juger l'œuvre de l'artiste et en saisir toute la beauté et l'harmonie, il faut l'exposer à la lumière et prendre soi-même la vraie position vis-à-vis du soleil.

Il en est de même pour la traduction des saintes Écritures : la science et le désir sincère de travailler pour la vérité ne suffisent pas. Il faut avant tout comprendre la Bible, et, pour cela, se trouver dans la véritable position vis-à-vis d'elle et vis-à-vis de Jésus-Christ, le Soleil spirituel qui l'illumine et en vue duquel elle a été inspirée de Dieu. Aucune prophétie de l'Écriture n'est d'une solution particulière (2 *Pier.* i : 21) ; de même que c'est le Saint-Esprit qui l'a inspirée, de même c'est lui seul qui peut l'expliquer. Or, comment découvrir la pensée du Saint-Esprit, si ce n'est en comparant entre elles, avec la soumission d'un humble disciple, les différentes parties de ses oracles. Pour cela, il faut en admettre l'autorité divine dans toutes ses parties. C'est l'acceptation totale ou partielle, ou le rejet de ce principe fondamental, chez les auteurs des trois versions en question, qui est la cause des divergences qui les caractérisent.

C'est ainsi que le caractère particulier de la Bible de M. Reuss est la conséquence directe du degré d'autorité qu'il reconnaît à Jésus-Christ et aux apôtres. La théologie apostolique n'est pas pour lui le type, la norme de toute théologie ; elle n'est qu'un point de départ, la première élaboration de toute une série de systèmes, qui tous ne sont que des essais. Si l'Esprit de Dieu a agi sur les apôtres, il agit aussi sur nous. Avec ce point de vue on n'est plus un disciple des Écritures, on en est le juge : l'interprétation et la traduction s'en ressentiront nécessairement.

Les auteurs de la version de Lausanne, au contraire, déclarent croire à la pleine inspiration de la Bible (*voir p.* 55) et admettent par con séquent la pleine autorité de Jésus-Christ et des apôtres. Dès lors ils n'éprouveront pas le moindre embarras de traduire, selon le sens ordinaire des mots hébreux, des passages qui, pris à la lettre, ne peuvent pas s'appliquer aux personnages contemporains ; ils y reconnaissent, avec toute l'Eglise chrétienne et avec le Nouveau Testament, des prophéties concernant le Messie.

M. Segond occupe une position dogmatique intermédiaire, comme malheureusement la plupart des théologiens de notre époque. Il déclare (*Eglise libre* n° *du* 1er *juillet*) qu'il est « convaincu plus que personne du surnaturel dans les Ecritures ». S'exprimer ainsi, c'est bien dire qu'on croit qu'il y a dans la Bible des miracles et des prophéties ; mais c'est indiquer aussi, par le caractère vague même de cette expression, qu'on ne croit pas au caractère surnaturel de la Bible elle-même, à sa pleine inspiration. Tout le reste découle de cette base dogmatique insuffisante. M. Segond admettra certaines prophéties messianiques, il en rejettera d'autres. Il parle en termes sentis d'Esaïe 53, où il reconnaît le Messie souffrant (*voir son ouvrage : Le Prophète Esaïe*, p. 5) ; mais il n'admet pas la prédiction de la naissance miraculeuse de Jésus-Christ, sans parler d'autres prophéties messianiques directes. Le motif déterminant de ce triage ressort de la comparaison des prophéties messianiques qu'il admet avec celles qu'il repousse. La première catégorie renferme celles que M. Reuss et toute l'école rationaliste sont obligés de traduire de manière à ce que quiconque ne nie pas à priori l'existence de prophéties dans la Bible est forcé de les reconnaître comme telles, parce que les mots du texte original rendent absolument impossible toute tentative contraire. M. Segond repousse avec toute l'école rationaliste (sauf de Wette pour Es. 7 : 14 ; il peut y avoir, du reste, encore d'autres exceptions) toutes celles dont le texte renferme soit quelque obscurité, soit une expression hébraïque qui peut se traduire de plusieurs manières. Mais pour éliminer le caractère messianique des passages de cette seconde catégorie, le traducteur est obligé de violer soit le sens habituel des mots, soit le sens clair du contexte, soit les deux à la fois. Pour ne parler, par exemple, que d'Es. 7 : 14, ce ne sont certes pas des raisons lexicologiques qui ont pu déterminer M. Segond à rejeter cette prophétie de première importance, il est au contraire obligé, pour l'éliminer, de donner à un mot du texte un sens qu'il n'a jamais. (Voir ci-dessous pages 2 et 59). Ce mot signifie *jeune fille*; mais M. Segond, malgré l'autorité de Matth. 1 : 22-23, pense qu'il s'agit dans notre passage, non du Messie, mais d'un propre fils du prophète (ouvr. cité p. 41, Sommaire); il ne pourra dès lors évidemment plus employer le terme de *jeune fille*, il dira : *jeune femme*. Est-ce peut être le contexte qui engage M. Segond à rejeter l'interprétation messianique? Le verset 15, traduit comme il l'est habituellement, présente une difficulté ; mais par une traduction plus conforme au contexte on arrive à la résoudre (voir p. 163). Le texte et le contexte s'opposent formellement à l'interprétation de M. Segond. La *jeunesse* de la prophétesse est une pure hypothèse écartée par l'âge du fils d'Esaïe, Schear-Jaschoub, qu'on peut calculer approximativement. Il faudra, dès lors, admettre que la mère d'Emmanuel était une seconde femme que le prophète venait d'épouser. Or, à la même époque, le prophète a un autre enfant, Maher-schalal-hasch-baz. Esaïe aura donc eu deux femmes: la *jeune* femme, mère d'Emmanuel, et la prophétesse, comme Esaïe appelle lui-même sa femme, chap. 8 : 3, mère de Maher-schalal ; ce qui est peu vraisemblable, vu la manière même dont le prophète parle de sa femme dans le passage cité. Ou bien aussi Maher-Schalal et Emmanuel désignent le même enfant, ce qui est peu probable, vu la manière dont un oracle de Dieu a désigné le nom des deux, Es. 7 : 14 et 8 : 3. Mais ce n'est pas tout: Dans l'hypothèse de M. Segond, les paroles d'une grandeur si majestueuse d'Es. 8 : 8 : « *Il* (le roi d'Assur) *passera sur Juda, il inondera et passera outre ; il atteindra jusqu'au cou, et le déploiement de ses ailes remplira la largeur* DE TA TERRE, *ô Emmanuel,* » ne seraient plus que des paroles adressées au petit enfant du prophète ; cela revient à faire dire au prophète : « Le déploiement de ses ailes remplira la largeur de ton pays, ô mon petit garçon » ! Nous ne faisons pas d'hypothèse; c'est bien ainsi que M. Segond entend ce passage : « Emmanuel, le fils du prophète, mentionné dans le précédent oracle, est pris à témoin des malheurs de la patrie » (*ouvr. cit. p.* 47, *note* 5). Ah ! il valait bien la peine 1° de donner à un mot du texte hébreu un sens qu'il n'a nulle part; 2° de rejeter l'autorité de Matth. 1 : 22-23 ; 3° de construire des hypothèses invraisemblables au sujet de la femme du prophète et de ses enfants, pour se heurter, finalement, contre le

rocher du passage Es. 8 : 8 et s'y briser ! Car la dernière explication
de M. Segond est un vrai naufrage, qui engloutit, momentanément,
même le sens du beau, que M. Segond possède cependant, comme
le prouvent certaines parties de sa version.

C'est donc à la base dogmatique vacillante de M. Segond qu'il faut
attribuer les erreurs de sa version. S'il croyait à la pleine inspiration des Ecritures, ou au moins à l'autorité du Nouveau-Testament,
le passage Matth. 1 : 22-23 aurait été pour lui un phare brillant,
qui l'aurait guidé à travers toutes les difficultés du passage Es. 7
vers la solution messianique, et l'aurait en même temps préservé de
la nécessité de détourner un mot du texte de son véritable sens. La
foi en la pleine inspiration des Ecritures lui aurait partout fait
découvrir des nuances qu'il néglige soit dans l'Ancien, soit dans le
Nouveau-Testament.

Encore s'il ne s'agissait que de quelques inexactitudes de détail !
Chaque version en renferme dans une certaine mesure. Mais ici, les
fondements même de la foi chrétienne sont menacés. Aujourd'hui,
avec la version de M. Segond, les chrétiens s'habitueront à ne plus
voir la naissance surnaturelle du Messie prédite par Esaïe, et ils
croiront, par conséquent, que la citation de Matth. 1 : 22-23 ne
repose que sur une erreur de la version des Septante. Demain, avec
M. Sabatier (*Encycl. des Sciences rel. Art. Jésus-Christ*, vol. VII, p.
341 et suiv.), on abandonnera complètement les premiers chapitres
de Matthieu et de Luc ; il y aura, de la sorte, un Christ né comme nous
tous, qui a senti en lui les aiguillons de la chair et les rêves de l'orgueil (article cité p. 368) ! Ah ! ce Christ n'est plus notre Seigneur
et notre Dieu ; il ne saurait non plus être notre Sauveur.

Repoussant toute version qui touche aux passages messianiques,
retenons comme le fondement même de notre salut, le Christ de l'Ancien et du Nouveau-Testament, Celui qui, selon les belles paroles de
M. Bonnet, « forme l'unité vivante des deux alliances, qui remplit
l'une et l'autre de sa présence, de son Esprit, de sa vie », alors
nous continuerons à répéter avec l'Eglise universelle :

« *Je crois en Jésus-Christ, le Fils unique de Dieu, conçu du Saint-
Esprit, né de la Vierge Marie* ».

Dans mon travail, au lieu de mettre les passages de la version de
M. Segond en parallèle avec le texte hébreu lui-même, ce qui en

— x —

eût rendu la lecture impossible à ceux qui ignorent cette langue, j'ai pris pour terme de comparaison la version qui se rapproche le plus du texte original, celle de Lausanne, en ne m'en écartant que dans les cas, très rares du reste, où, selon moi, le texte original peut être rendu plus exactement.

Dans les citations des Psaumes, on trouvera quelquefois, après les chiffres indiquant les versets, d'autres chiffres entre parenthèses; ces derniers indiquent une autre manière de numéroter, qu'ont adoptée certaines éditions françaises de la Bible, ainsi que la version de Lausanne, qui ne comptent pas comme verset certaines suscriptions que les éditions hébraïques numérotent à part. L'unité dans le numérotage des versets et des chapitres est d'une nécessité absolue pour les citations. Ce sont les éditions hébraïques de la Bible qui doivent faire loi, et il serait à désirer que toutes les Bibles françaises revinssent de leur numérotage particulier pour éviter toute confusion.

Puissent toutes les Eglises de langue française qui retiennent la vérité évangélique se souvenir, en présence du danger qui les menace: l'invasion de traductions infidèles, des paroles que le Seigneur adresse à ses assemblées du haut du ciel : « Retiens ce que tu as, afin que nul ne prenne ta couronne ! »

G. K.

Vabre (Tarn), 31 août 1881.

REMARQUES

SUR LA

VERSION DE LA BIBLE DE M. LOUIS SEGOND

La Bible est le document divinement inspiré de l'histoire du salut, de sa préparation et de son accomplissement. Jésus-Christ en est le centre vers lequel tout converge, auquel tout aboutit et d'où tout émane. Ce n'est pas seulement le saint et infaillible Fils de l'homme dans son état d'abaissement, qui rend témoignage à ce caractère des Ecritures, c'est encore le Seigneur de gloire, qui, apparaissant aux disciples après sa résurrection, leur dit : « Il fallait que fussent accomplies toutes les choses qui sont écrites de moi dans la loi de Moïse et dans les prophètes et dans les psaumes. » (Luc 24 : 44). Toute version de la Bible qui affaiblit dans une mesure quelconque les prophéties messianiques de l'Ancien Testament prononce son propre arrêt de condamnation. Elle n'interprète plus les oracles de Dieu, elle les altère.

C'est donc à juste titre que nous commencerons nos remarques sur la version de M. Segond par les prophéties messianiques directes.

CHAPITRE I

Prophéties messianiques.

PREMIÈRE SÉRIE

PROPHÉTIES RÉSUMANT TOUTE L'HISTOIRE DU MESSIE.

Il y a des prophéties messianiques si claires, qu'à moins de se rendre coupable de falsification, il serait impossible de les altérer. On peut tenter d'en affaiblir la portée par des notes explicatives, comme le fait M. Reuss pour És. 9 : 5-6; mais on ne peut faire disparaître du texte de ce passage la qualification de *Dieu* donnée au Messie.

Quelques passages messianiques se reconnaissent comme tels dans la version de M. Segond ; ainsi, par exemple, outre le passage cité, Michée 5 : 2; Zach. 12 : 10, etc.

On ne peut en dire autant des prophéties messianiques directes suivantes :

1° Le Messie, fils de la Vierge.

Ésaie 7 : 14. *Voici, la* VIERGE *sera enceinte et elle enfantera un fils, et l'appellera du nom d'Emmanuel.* (Laus.)

M. Segond traduit : « Voici, la JEUNE FEMME sera enceinte... Le mot de l'original hébreu (*Alemah*) désigne une jeune fille nubile, jamais une femme mariée. Même un lecteur ne sachant pas l'hébreu peut s'en convaincre. Le mot *alemah* ne figure que sept fois dans l'Ancien Testament : dans notre passage et dans les six autres endroits suivants : 1° Gen. 24 : 43; 2° Exod. 2 : 8; 3° Ps. 68 : 26 (25); 4° Cant. 1 : 3; 5° Cant. 6 : 8; 6° Prov. 30 : 19. Dans tous ces passages il ne peut être question que de jeunes filles et non de femmes mariées [1]. Cela est si vrai, que M. Segond lui-même se sert invariablement dans les cinq premiers passages du mot *jeune fille*. Ce n'est que dans le sixième qu'il traduit par *jeune femme*, rendant ainsi impossible toute saine interprétation de ce passage [2]. Notons que même le Dr de Wette, qui n'appartenait cependant pas au parti évangélique, traduit, dans sa version allemande de la Bible, És. 7 : 14 par VIERGE.

D'ailleurs, le Nouveau Testament, montrant que ce passage d'Esaïe s'est accompli par la naissance miraculeuse de Jésus-Christ, traduit : *Voici, la* VIERGE *sera enceinte.* (Matth. 1 : 23.)

Avec la traduction de M. Segond, non seulement la prophétie de la naissance miraculeuse du Messie est effacée, mais la concordance entre l'Ancien et le Nouveau Testament est détruite. (Voir p. 59.)

Ce passage, fût-il seul à être infidèlement traduit, serait la « mouche morte qui infecte l'huile du parfumeur » (Ecclés. 10 : 1), et contrebalancerait tous les autres mérites de style que la version de M. Segond peut avoir.

Si l'Eglise nationale de Genève adoptait officiellement, pour la faire lire dans ses chaires, la version de M. Segond, patronnée par la Compagnie de ses Pasteurs, elle aurait le triste privilège d'être la première Eglise de la chrétienté qui aurait solennellement accepté ce legs du rationalisme moderne : la négation de la prophétie de la naissance miraculeuse du Messie. Nos Eglises protestantes de France, celles du moins qui veulent encore maintenir le dépôt sacré de la foi, la suivraient-elles dans cette voie funeste ?

2° La sainte et parfaite obéissance du Messie.

a) Ps. 40: 7-9 (6-8). *Tu n'as point pris plaisir au sacrifice et à l'hommage : tu m'as* CREUSÉ DES OREILLES (Laus).

---

[1] Comp. *Bible annotée.* Prophètes. p. 73, 2° col. au bas. — *Drechsler,* Jesaja 1, p. 287; *Delitzsch,* Jesaj. p. 135; *Hofmann,* Weissagung u. Erf. I, 22 et suiv.; id. *Schriftbeweis* (1er éd.) II, 1, p. 57.

[2] V. Hofmann Weiss. u. Erf. I, 223. Delitzsch, Salom. Spruchb. p. 505. es Annot. in Hagiog. p. 1410.

Le psalmiste veut dire que Dieu, en le créant, l'a doué d'oreilles, c'est-à-dire de la faculté d'entendre sa voix, expression de sa volonté, qu'il est disposé à pratiquer. C'est plus que « tu m'as OUVERT les oreilles », comme dit M. Segond, en traduisant inexactement le mot carah de l'original. Si l'expression creuser des oreilles semble étrange en français, elle l'est tout autant en hébreu, qui a le mot patach pour dire ouvrir; comme, par exemple, Es. 50: 5, où le Messie dit que Dieu lui a ouvert (patach) l'oreille.

Le traducteur scrupuleux d'un texte quelconque, et surtout d'un texte inspiré, ne doit pas, par des allures trop libres, effacer certaines nuances de l'original. — Et qu'on ne dise pas qu'il ne s'agit ici que d'une nuance sans importance :

Avec la traduction de M. Segond, il n'est plus possible de découvrir le rapport qui existe entre le passage du psaume en question et sa reproduction modifiée dans Hébr. 10: 5, où il est dit : Tu n'as pas voulu de sacrifice ni d'offrande ; mais tu m'as FORMÉ UN CORPS. Ce rapport se découvre assez aisément si nous maintenons la traduction littérale du passage du Psaume : Tu m'as CREUSÉ des oreilles. Comme il vient d'être dit, David, type du Messie, veut dire par ces mots que Dieu, en lui donnant l'existence, lui a donné en même temps l'instrument nécessaire pour entendre sa voix, condition préalable pour qu'il puisse lui rendre ainsi une obéissance parfaite. Pour mieux faire ressortir l'obéissance du Messie qui devait aller jusqu'au sacrifice de son corps sur la croix (Phil. 2 : 8), l'auteur inspiré de l'épître aux Hébreux, au lieu de mentionner simplement une partie du corps, dont l'existence était pour David la condition préalable de son obéissance, parle du corps du Messie tout entier, qu'il devait offrir en sacrifice sanglant pour consommer son obéissance.

L'épître aux Hébreux fait une citation explicative du texte de l'Ancien Testament. Nous ne pensons nullement qu'elle cite la version grecque des Septante. D'anciens copistes chrétiens, habitués au passage en question dans la forme que lui donne l'épître aux Hébreux, auront changé le mot otia (oreilles) du texte des Septante en soma (corps). Quoique l'édition de la version des Septante de Tischendorf (1860), que nous avons sous les yeux, n'indique pas la variante en question, il est néanmoins certain qu'on lit *otia* dans un certain nombre de manuscrits [1], et Hupfeld (rationaliste) croit lui-même à une altération du texte des Septante dans ce passage.

Des corrections de ce genre ont été faites en d'autres endroits ; la comparaison entre les différents textes de la version grecque le prouve : ainsi, par exemple, le texte alexandrin se rapproche beaucoup plus des citations du Nouveau Testament que le texte du Vatican.

b). Nous passons à la 2ᵉ partie de notre passage :

Tu ne demandes pas l'holocauste ni le sacrifice de péché. Alors j'ai dit : Voici, je viens, IL EST ÉCRIT DE MOI DANS LE ROULEAU DU LIVRE *(Laus),* ou, pour suivre exactement l'ordre même des mots hébreux : *Voici, je viens, dans le rouleau du livre il est écrit de moi.*

Le sens est clair : les sacrifices lévitiques étant insuffisants, le Messie se présente, lui dont l'avènement a été prédit par l'Écriture.

Le mot *dans*, de la fin du verset, rend exactement la préfixe hébraïque *be* ; c'est son premier sens, le sens habituel. Cette préfixe signifie aussi quelquefois *avec*. On pourrait donc, au point de vue purement lexicologique, à la rigueur, traduire : *Voici, je viens* AVEC *le rouleau du livre;* quoique le psalmiste, s'il avait voulu exprimer ce sens, se fût probablement servi de préférence de la préposition *im*. C'est ainsi que traduit M. Segond :

Voici, je viens AVEC *le rouleau du livre* ÉCRIT POUR MOI; les trois derniers mots signifient littéralement *écrit à mon sujet.*

La traduction de M. Segond fait disparaître la prophétie messianique. Or, elle est affirmée par l'auteur inspiré de l'épître aux Hébreux, et on y arrive en traduisant littéralement le passage en question.

Encore ici, donc, dans les deux parties du passage de notre psaume, comme auparavant dans Es. 7: 14, la version de

---

[1] Voir Hofmann. Br. an die Hebr. p. 385.

M. Segond efface la messianicité directe de la prophétie et contredit en face la traduction de l'épître aux Hébreux.

3° Le Messie crucifié

Ps. 22 : 17 (16). Vu ce qui précède, il ne faut pas s'étonner
de voir M. Segond suivre les traces des traducteurs de toute
école qui effacent la prophétie au sujet de la crucifixion
du Messie dans le 17° verset du psaume 22, écrit comme au
pied de la croix de Golgotha :

*Des chiens m'entourent, une assemblée de gens malfaisants
m'enveloppe ; ils* PERCENT *mes mains et mes pieds* (Laus).

M. Segond, avec beaucoup d'autres interprètes, au lieu de
ils percent, dit : *comme un lion*, et pour rattacher ces mots aux
suivants, il intercale les mots *pour saisir*, qui ne sont pas
dans le texte :

...Une bande de scélérats rôdent autour de moi, comme UN
LION POUR SAISIR *mes mains et mes pieds.*

Observons en passant que, si cette traduction était exacte,
l'image dont se sert le psalmiste pour dépeindre l'acharnement
de ses ennemis paraîtrait bien étrange : un lion qui s'élance
sur un homme ne cherche pas précisément à saisir ses mains
et ses pieds ; d'un bond il le terrasse et le déchire [1].

Le mot *caari* est, selon le savant et pieux orientaliste J. H.
Michaëlis [2], le participe Kal de la racine *cour* avec l'aleph épen-
thétique et l'apocope du Mem du pluriel ; dans cette forme, il
signifie *creusant* ou *perçant*.

On pourrait prendre ce mot aussi pour un substantif ; et alors
il signifierait « *comme un lion.* » Dans ce cas, la traduction
serait : Une bande de gens malfaisants m'enveloppe, comme
un lion, mes mains et mes pieds. Ce qui ne présente pas de
sens. Aussi la plus ancienne version, la version grecque des
Septante, dont il a été question déjà plus haut, terminée au III°
siècle *avant* Jésus-Christ, traduit-elle : *Ils* ONT PERCÉ *mes mains
et mes pieds* ; et toutes les autres anciennes versions l'ont suivie.

[1] *Tholuck* fait la même observation : Uebers. u. Ausl. der Psalmen. p. 11
note.

[2] Uber. annot. in Hagiogr. l. p. 143.

Cette manière de traduire ne saurait donc être le résultat de l'influence d'idées chrétiennes. Il y a plus :

La *petite Massore*[1] dit au sujet du mot *Caari* qu'il se rencontre deux fois dans la Bible, mais dans *deux sens différents.* Or, en effet, ce mot se trouve encore Es. 38 : 13, où évidemment, d'après le contexte, il doit être pris comme substantif et signifie *comme un lion.* Mais la petite Massore n'admet pas ce sens dans le passage qui nous occupe ; nous revenons ainsi au sens : « *perçant»* mes mains et mes pieds. Ce sens a dû être tellement fixé par la tradition, qu'il a donné lieu à une ancienne variante attestée par les Massorètes juifs : *Caarou..;* dans ce cas, il n'y aurait plus aucun doute possible, il faudrait traduire : ils *ont percé* mes mains et mes pieds [2].

En présence du témoignage juif de la version des Septante e t de la petite Massore, est-il permis à des pasteurs évangéliques de recommander une innovation qui détruit une prophétie messianique éclairant la nuit de l'ancienne alliance comme une étoile de première grandeur, innovation qui a contre elle le témoignage de l'antiquité juive et chrétienne ?

4º L'ensevelissement honorable du Messie.

Es. 53 : 9. Au sujet de l'ensevelissement du Seigneur, Esaïe a fait la remarquable prophétie suivante :

Et on lui donne un sépult.? au ? les méchants ; mais il es avec le RICHE *en sa mort,* PARCE QU'IL *n'a pas commis de violenc e.* (Laus).

On sait comment cette prophétie s'est accomplie : comme crucifié, réputé criminel, le Seigneur aurait dû être enseveli comme les autres malfaiteurs ; mais Joseph, « homme *riche* d'Arimathée » (Matth. 27 : 57), obtint de Pilate l'autorisation de descendre de la croix le corps sacré, et *il le plaça dans son sépulcre neuf* (Ibid. v. 59).

---

[1] On appelle *Massore* un immense recueil de notes grammaticales et lexicographiques de tout genre sur le texte de l'Ancien Testament, dont l'origine se perd dans la plus haute antiquité.

[2] Delitzsch, Psalmen, p. 202. — Th. Stahl, Essai d'un Com. sur le 22º Ps. p. 23.

M. Segond efface complétement cette prophétie en traduisant : *On a mis son sépulcre parmi les méchants, son tombeau parmi les* ORGUEILLEUX, QUOIQU'IL *n'eût point commis de violence.*

Il n'y a pas moins de quatre inexactitudes dans ce verset ainsi traduit :

1° Il y a en hébreu : on *lui a donné*, et non : *on a mis* ; la première expression est plus vague, et ce caractère vague de l'expression a ici son importance, puisque les projets des ennemis du Messie ne se sont pas réalisés.

2° Dans le 2e membre de phrase, et cela est plus grave, M. Segond traduit *Bemothav* par : *son tombeau* ; or, ce mot signifie : *dans sa mort*, littéralement : *dans ses morts.* « Ce pluriel, dit la Bible annotée (I. p. 250), analogue au pluriel *chajim*, *les vies*, pour dire la vie, désigne *l'état de mort* dans lequel le Serviteur de l'Eternel est maintenant entré. »

3° *Aschir* signifie *riche* et non pas *orgueilleux.*

4° *Al* doit se traduire par *parce que* et non par *quoique* [1].

5° Le Messie ressuscitant.

Ps. 16 : 10. *Car tu* N'ABANDONNERAS *pas mon âme au séjour des morts ; tu ne permettras pas que celui qui t'aime voie* LA CORRUPTION (Laus.).

M. Segond traduit : *tu ne* LIVRERAS *pas mon âme au séjour des morts.* Le mot de l'original *asab* signifie *abandonner.* Sans doute le mot français, comme le mot hébreu, devient, dans certains cas, synonyme de *livrer.*

Mais, dans notre verset, il est facile de voir la nuance qui distingue les deux expressions : *Tu ne livreras pas mon âme au séjour des morts* signifie : tu ne permettras pas que je meure ; je ne verrai pas la mort.

Au contraire, *tu n'abandonneras pas mon âme au séjour des morts* veut dire que l'âme descendra bien au séjour des morts, qu'elle lui sera livrée ; mais qu'elle n'y restera pas, qu'elle ne

---

[1] On est d'autant plus étonné de ces quatre erreurs dans ce verset, que, dans son ouvrage : *Le Prophète Esaïe* (p. 219), M. Segond a parfaitement su les éviter ; là, sauf les mots *après sa mort* au lieu de *dans sa mort*, sa traduction est exacte : « On *lui avait* ASSIGNÉ *un sépulcre avec les criminels ; mais il a été avec le* RICHE *après* SA MORT, CAR *il n'avait point commis de violence.* »

lui sera pas abandonnée ; c'est-à-dire que Dieu l'en délivrera.
La nuance est importante.

Quel sera ici l'arbitre qui décidera de la cause ?

Ce sera encore le Nouveau Testament. L'apôtre Pierre (Act.
2 : 31) donne gain de cause à la traduction littérale contre
celle de M. Segond. Pierre, précisément pour prouver la
résurrection du Seigneur, s'appuie sur notre verset et traduit
l'hébreu *Asab* par le mot grec *enkataleipein*, qui signifie *laisser*
ou *abandonner* : « *C'est pourquoi (David) étant prophète, et
sachant que Dieu lui avait promis avec serment que, du fruit
de ses reins, il susciterait, selon la chair, le Christ, pour le faire
asseoir sur son trône ; voyant [cela] d'avance, il a dit touchant
le relèvement du Christ, que son âme n'a pas été* LAISSÉE DANS LE
SÉJOUR DES MORTS *et que sa chair n'a pas vu la corruption* »
(Act. 2 : 30-31).

Dans la 2ᵉ partie du 10ᵉ verset du psaume 16, M. Segond
traduit : *tu ne permettras pas que celui qui t'aime voie la fosse*,
ce qui signifie qu'il ne mourra pas ; tandis que si nous traduisons *voie la* CORRUPTION, cela veut dire qu'il pourra bien
mourir, mais qu'il ressuscitera bientôt après. Le mot de l'original *Schachat* a, d'après les dictionnaires, une double racine :

a) Il dérive du verbe *Schachat* qui signifie *corrompre* ; dans
ce cas, le substantif signifie *corruption*.

b) Il peut dériver du verbe *Schouach*, *aller au fond, s'affaisser,
s'enfoncer* ; dans ce cas, le subtantif pourrait signifier *fosse*.

Mais remarquons que du verbe *Schouach* dérive déjà le
substantif *Schouchah* qui signifie *fosse*. Est-il dès lors vraisemblable qu'on ait formé de ce verbe un autre substantif ayant
exactement le même sens ?

Nous ne le pensons pas. Le substantif *Schachat* vient du
verbe *Schachat, corrompre*, et signifie en premier lieu *corruption*.
Le sens de *fosse*, qu'il a certainement dans plusieurs passages,
n'est qu'un sens dérivé ; c'est le lieu où le corps se corrompt,
se décompose. Le sens de *corruption* paraît tellement être
celui du mot *Schachat* que la version des Septante traduit habituellement ce mot par corruption, même là où le mot *fosse*
semble mieux convenir.

Cette fois-ci nous avons deux témoins inspirés, qui se prononcent en notre faveur contre M. Segond. C'est d'abord l'apôtre Pierre dans Act. 2: 34, comme on le voit par le passage cité ci-dessus ; c'est ensuite l'apôtre Paul dans Act. 13: 35 : « *C'est pourquoi aussi, dans un autre endroit, il dit : Tu ne permettras pas que ton Saint voie* LA CORRUPTION. »

Les apôtres voient donc dans notre passage une prophétie touchant la résurrection de Jésus-Christ. La version de M. Segond efface l'idée même d'une résurrection et, par conséquent, d'une prophétie messianique, et détruit ainsi une fois de plus l'harmonie qui existe entre l'Ancien et le Nouveau Testament.

6° Le Messie est Dieu.

Dans le psaume 45 : 17 (16) le psalmiste s'adressant au Messie dit : *Ton trône, ô* DIEU, *subsiste éternellement ; c'est un sceptre de droiture que le sceptre de ton règne ; tu aimes la justice, et tu hais la méchanceté ; c'est pourquoi ô* DIEU, *ton Dieu t'a oint d'une huile d'allégresse au-dessus de tes compagnons.* (Laus).

M. Segond suit les traces d'anciens rabbins juifs auxquels il répugnait naturellement de donner la qualification de Dieu au héros du psaume, qui, dans ce cas, ne pourrait être que le Messie, et traduit :

Dieu a établi ton trône pour toujours, en introduisant dans le texte les mots *a établi,* qui ne s'y trouvent point. L'omission de ces mots serait choquante, dit à ce sujet J. H. Michaëlis (*dura ellipsis:* Ouvr. cit. I. p. 292).

Écartant la prophétie messianique au 7° verset, M. Segond ne pouvait pas autrement que d'en faire de même au verset 8°, où cela est du reste plus facile, et il traduit :

C'est pourquoi Dieu, ton Dieu, t'a oint...

Déjà l'antique version des Septante, qui n'avait pas encore les répugnances de la Synagogue postérieure à l'établissement de l'Eglise chrétienne, traduit :

Ton trône, ô Dieu! est au siècle des siècles...

L'auteur inspiré de l'épître aux Hébreux en fait de même. Il cite ce passage précisément pour prouver la supériorité du Fils sur les anges, par la qualification de *Dieu* qui lui est donnée. « *Quant aux anges, sans doute, il dit : Faisant de ses anges des vents, et de ses ministres une flamme de feu. Mais quant au Fils : Ton trône, ô DIEU ! est au siècle des siècles... C'est pourquoi, ô Dieu ! ton Dieu, t'a oint...*

La version de M. Segond écarte encore ici une prophétie messianique et détruit l'accord entre les deux Testaments.

7° Le règne du Messie.

Terminons cette série de passages par la belle prophétie messianique renfermée dans 2 Sam. 23 : 3ᵇ — 4.

UN JUSTE [sera] DOMINATEUR *parmi les hommes, un dominateur ayant la crainte de Dieu, et pareil à la lumière du matin, quand le soleil se lève, à un matin sans nuage...* (Laus.)

On pourrait traduire plus littéralement :

UN DOMINATEUR SUR LES HOMMES [s'élèvera], UN JUSTE, *un dominateur ayant la crainte de Dieu...*

En tout cas, il s'agit ici du Messie, ce qu'indique déjà le majestueux prologue qui ouvre cette prophétie (2 Sam. 23 : 1 — 3ª.)

M. Segond affaiblit ce verset de la façon suivante :

Celui qui règne parmi les hommes avec justice, celui qui règne dans la crainte de Dieu, est pareil à la lumière du matin.....

Traduit ainsi, ce passage ne s'applique qu'à un roi ordinaire.

L'image du Messie, vrai homme et vrai Dieu, qui resplendit dans ces sept passages reproduisant les principaux traits de son histoire, depuis sa naissance de la Vierge jusque sur le trône de sa gloire, à travers l'ignominie de la croix, est effacée dans la version de M. Segond, qui, comme nous l'avons dit et répété, détruit du même coup l'accord entre les différentes parties des oracles de Dieu.

Relevons encore d'autres inexactitudes de traduction dans les prophéties messianiques suivantes :

DEUXIÈME SÉRIE.

INEXACTITUDES DIVERSES.

1° La postérité de la femme.

Gen. 3 : 15. *Cette [postérité] te* BRISERA *la tête*, et tu lui BRI-SERAS *le talon*. (Laus.)

Dans l'original il y a le même verbe *briser* ou *écraser* dans les deux membres de phrase, malgré la dureté que cette expression présente dans le second cas. Cette identité dans l'expression semble indiquer qu'il y aura chez les deux lutteurs la même énergie de volonté d'anéantir l'adversaire en le brisant, en l'écrasant. Seulement le deuxième ne parviendra qu'à briser le talon, tandis que le premier brise au second la tête.

M. Segond dit dans le premier membre de phrase *écraser*, mais, dans le second, il affaiblit la pensée de l'auteur sacré en se servant inexactement du mot *blesser : « celle-ci t'écra-sera la tête et tu lui blesseras le talon. »*

2° La postérité d'Abraham.

Après avoir à plusieurs reprises traduit avec exactitude *ta postérité* au singulier, là où il est question de la promesse faite à Abraham, M. Segond traduit Gen. 17 : 7 : *J'établirai mon alliance entre moi et toi* et TES DESCENDANTS *après toi, selon leurs générations.*

De même au verset huitième : « *Je te donnerai, et à* TES DESCENDANTS *après toi, le pays...*

Dans les deux cas, il y a en hébreu le singulier, TA POS-TÉRITÉ.

M. Segond met sans doute le pluriel pour éviter ce que peut avoir de choquant le singulier *ta postérité* suivi dans les deux cas d'un pluriel : *en leurs âges,* au vers. 7, et je deviendrai *eur* Dieu au vers. 8.

Mais ce même inconvénient existe dans le texte original ;
c'est l'auteur sacré, qui dans des cas de ce genre, est responsa-
ble des tournures extraordinaires qu'il donne à ses phrases, et
non le traducteur qui n'a qu'à être fidèle et exact. Or il y a
des raisons fort sérieuses qui ont engagé l'auteur inspiré à se
servir du singulier. C'est l'Écriture elle-même qui nous le dit;
elle fait reposer toute l'argumentation au sujet de la doctrine
de la non-permanence de l'alliance légale, sur l'emploi du
mot *postérité* au singulier dans Gal. 3 : 16. L'emploi invaria-
ble du singulier dans tous les cas est donc de rigueur.

3° Le Schiloh.

Gen. 49 : 10. M. Segond traduit :

*Le sceptre ne s'éloignera pas de Juda... jusqu'à ce que vienne
le repos, et que les peuples lui obéissent.*

Le mot *lui*, à la fin du verset, se rapporte, d'après cette
manière de traduire, évidemment à Juda. Or, dans l'original, il
se rapporte au *Repos* (Schiloh) si l'on prend ce mot comme nom
du Messie ; et il faut traduire avec Lausanne :... *jusqu'à ce que
vienne le Repos, et à lui* [appartient] *l'obéissance des peuples.*

C'est ainsi que traduisait déjà l'ancienne synagogue qui
voyait dans le *Schiloh* (Repos) un nom du Messie. Les deux
premières paraphrases chaldaïques (Targums) du Pentateuque
disent tout simplement :

Jusqu'à ce que vienne le Messie à qui appartient le règne[1].

4° L'homme, le Seigneur Jéhovah.

II Sam. 7 : 19. D'après J. H. Michaëlis (ouvr. cit. III, p. 464)
et tous les anciens commentateurs qu'il cite, ainsi que
d'après Ebrard dans l'Encyclopédie théol. de Herzog (Jesu
Christi dreifaches Amt. VI p. 609), nous traduisons de la manière suivante ce passage difficile :

... Et tu as même parlé au sujet de la maison de ton esclave

[1] Delitzsch. Genesis p. 507. *Keil.* Genes. p. 289.

pour un temps éloigné; et ceci [est] la loi de l'homme, [qui est le] Seigneur Jéhovah. Le Chroniste en effet reproduit d'une façon explicative les mêmes paroles (I Chron. 17 : 17) et dit littéralement :

Et tu as parlé de la maison de ton esclave pour un temps éloigné, et tu m'as vu (ou regardé) à la manière de l'homme des hauts lieux [qui est] Jéhovah Dieu.

Comme dans le Ps. 110, David entrevoit ici que la promesse éternelle d'une postérité se réalisera finalement en un de ses fils qui sera en même temps son Seigneur, le Seigneur Jéhovah lui-même (comp. Ps. 110 : 1 et Matth. 22 : 41-46).

M. Segond traduit le passage II Sam. 7 : 19 comme suit :

Tu parles aussi de la maison de ton serviteur pour les temps à venir. Et tu daignes instruire un homme de ces choses, Seigneur Éternel...

Et I Chr. 17 : 17 : *Tu parles de la maison de ton serviteur pour les temps à venir. Et tu daignes porter les regards sur moi à la manière des hommes, toi qui es élevé, Éternel Dieu.*

La version de Lausanne aussi aurait dû traduire ici plus exactement.

5° Les grâces de David assurées.

Es. 55 : 3. *Je traiterai avec vous une alliance éternelle,* LES GRACES DE DAVID QUI SONT ASSURÉES (Laus.).

Ce sont les grâces promises à David, c'est-à-dire les promesses d'un trône éternel, par la venue du Messie (Ps. 89 : 29 (28) ; 2 Sam. 23 : 5, etc.) — qui sont assurées, immuables.

M. Segond affaiblit cette pensée en traduisant : Je traiterai avec vous une alliance éternelle *pour rendre durables mes faveurs envers David.* — Comme dans Es. 7 : 14, la traduction de De Wette se prononce ici contre M. Segond, ainsi que l'apôtre Paul qui cite ce passage (Act. 13 : 34) de la manière suivante : *les saintes grâces de David, qui sont assurées.*

6° La femme qui entoure l'homme.

Jérém. 31 : 22. *L'Éternel crée une chose nouvelle sur la terre : la femme* ENTOURE *l'homme.* Le mot souligné signifie *entourer* et non *protéger* (Laus.), ni *rechercher*, comme le veut M. Segond.

Avec les anciens commentateurs nous voyons ici l'annonce de la venue en chair du Messie, cette chose nouvelle que Dieu crée sur la terre. La traduction littérale permet au lecteur d'y trouver ce sens; cela devient impossible si l'on traduit par *protéger* ou par *rechercher*.

7° Le Désir des nations.

Aggée 2 : 7. *Je ferai trembler toutes les nations, et le* DÉSIR *de toutes les nations arrivera.* (Laus.)

Il y a ici sans doute une difficulté grammaticale, le verbe *arriver*, dans l'original, est au pluriel.

M. Segond traduit avec beaucoup d'autres interprètes... *et les* TRÉSORS *de toutes les nations viendront.*

Cette traduction rétablit le pluriel du verbe, mais elle met du même coup au pluriel le substantif qui dans l'original est au singulier; il est vrai qu'on peut le prendre dans un sens collectif; la difficulté est renversée, à moins de changer la ponctuation massoréthique et de lire *Chamoudoth.* La prophétie au sujet de la personne même du Messie disparaîtra et le mot *Chemdah* (désir) n'est plus pris dans son sens primitif.

Pour éviter toutes ces difficultés nous suivrions de préférence les commentateurs qui prennent *Chemdah* (désir) non pas comme sujet du verbe *arriveront,* ce qui n'est pas possible, mais comme accusatif de la direction; on obtient ainsi la traduction suivante :

...*Je ferai trembler toutes les nations et elles viendront vers le* DÉSIR *de toutes les nations.*

CHAPITRE II

Uniformité de traduction.

L'exactitude, la plus scrupuleuse exactitude doit être la première règle du traducteur du Livre inspiré de Dieu. Ce principe conduit à celui de traduire autant que possible le même mot de l'original par le même mot français.

Un exemple frappant, choisi dans le Nouveau Testament, fera comprendre l'importance de cette règle :

Le mot *Paraclètos*, *(défenseur, avocat, conseiller, assistant)* se trouve dans l'Évangile de Jean 14 : 16, 26 ; 15 : 26 ; 16 : 7 où il sert à désigner le Saint-Esprit. Dans la 1ʳᵉ Ep. de Jean 2 : 1, Jésus-Christ, à son tour, est appelé notre *Paraclètos*, *Défenseur* auprès du Père.

Les versions de Martin et d'Ostervald effacent cette identité d'expression, en traduisant le mot *paraclètos* appliqué au Saint-Esprit par *Consolateur*, et par *avocat* quand Jésus-Christ est appelé notre *paraclètos*. — Le chrétien qui ne sait pas le grec croira en conséquence que le Saint-Esprit nous console, mais que Jésus-Christ est notre avocat auprès de Dieu. Si ce même chrétien se servait, au contraire, d'une version exacte, comme celle de Lausanne, il découvrirait, grâce à l'uniformité de traduction du mot *paraclètos* dans les deux cas, un enseignement important sur le ministère que le Saint-Esprit accomplit en nous, enseignement qui serait profitable au développement de sa vie spirituelle : il apprendrait que, de même que Jésus-Christ est notre *Défenseur* ou *avocat* auprès du Père et obtient par son intervention en notre faveur la rémission de nos offenses, de même le Saint-Esprit est notre *Défenseur*, notre *Avocat*, en nous. Car, de même que dans la vie civile on n'a pas seulement recours à un avocat quand on a un procès, mais aussi pour nous donner des conseils pour éviter les procès, de même le chrétien possède dans le Saint-Esprit cet avocat qui le dirige dans sa voie et le préserve de la chute.

Dans le cas qui nous occupe, M. Segond, tout en laissant le mot *Consolateur* dans le texte des chap. 14, 15 et 16 de Jean, met en note les mots *défenseur, aide, soutien,* et renvoie à cette note dans le passage 1 Jean 2 : 1.

Mais dans une multitude d'autres cas, M. Segond transgresse cette règle d'uniformité de traduction.

Nous citerons comme exemples les mots les plus importants, qu'on peut appeler les mots bibliques par excellence : *grâce, vérité, croire et foi.*

1° Chesed (grâce.)

Bornons-nous, pour ce mot, au seul livre des Psaumes.

M. Segond traduit *chesed* quelquefois par *grâce* : (Ps. 23 : 6 ; 26 : 3 ; 31 : 22 etc.)

Le plus souvent il le traduit par *bonté* : (Ps. 13 : 6 ; 25 : 6 ; 33 : 5, 18 ; 36 : 8 etc.)

D'autres fois par *miséricorde :* (Ps. 25 : 7 ; 136, dans chaque verset, etc.)

Une fois par *amour :* (Ps. 86 : 5.)

Une autre fois par *faveur :* (Ps. 141 : 5.)

Enfin une fois par *bienfaiteur :* (Ps. 144 : 2.)

Voilà donc, dans un même livre des Écritures, le même mot de l'original traduit sans nécessité aucune par six expressions différentes qui ont chacune sa nuance spéciale, et pour chacune desquelles l'hébreu a un terme particulier correspondant. Pourquoi cette diversité de traduction? Cette manière inexacte de traduire, non seulement désoriente nécessairement le chrétien ignorant l'hébreu, mais dans certains passages, elle détruit l'accord entre l'Ancien et le Nouveau Testament. Ainsi le Ps. 85 : 11 (10) parlant des temps messianiques dit que la GRACE *et la* VÉRITÉ *se rencontrent, que la justice et la paix se baisent.* (Laus.) Le Nouveau Testament dit à son tour que la GRACE *et la* VÉRITÉ *sont venues par le moyen de Jésus-Christ.* (Jean 1 : 17.)

M. Segond fait disparaître ce rapport en traduisant dans le Ps. en question : *la bonté et la fidélité se rencontrent*, tout en disant dans sa traduction du Nouveau Testament, au passage cité : la *grâce* et la *vérité* sont *venues par Jésus-Christ*.

Le lecteur de la version de M. Segond sera dans l'impossibilité de faire ces rapprochements si utiles pour saisir la pensée divine.

2o Èmet (vérité.)

On a vu dans le passage du Ps. 85 : 11 que nous venons de citer, que M. Segond met *fidélité* là où la version de Lausanne et le Nouveau Testament mettent *vérité*. Dans l'original hébreu il y a *Èmet*, qui signifie *vérité*. M. Segond traduit tantôt par *vérité*, tantôt par *fidélité*. Cependant, pour exprimer l'idée de *fidélité* l'hébreu a un autre mot *Emounah*.

En nous bornant encore au seul livre des Psaumes, nous trouverons que dans les Ps. 15 : 2 ; 45 : 5 (4) ; 51 : 8 ; 119 : 43, 142, 160, M. Segond traduit *Èmet*, par *vérité*, tandis qu'il rend le même mot *Èmet* par *fidélité* dans les Ps. suivants : 25 : 10 ; 43 : 3 ; 86 : 11 ; 89 : 15 (14) ; 91 : 4 ; 111 : 7 ; 115 : 1 ; 117 : 2.

3o Hèèmin (croire).

Ce mot de première importance est rendu par M. Segond par *croire* dans Gen. 45 : 26 ; Ex. 4 : 1 ; Ex. 14 : 31 ; Nomb. 14 : 11 ; 20 : 12 etc. Mais dans le passage classique, Gen. 15 : 6, où pour la première fois l'acte de *croire* est mentionné comme cause de notre justification devant Dieu, au lieu de traduire : *Abraham* CRUT *en l'Eternel, qui le lui imputa à justice* (Laus.), M. Segond paraphrase de la manière suivante : *Abraham* EUT CONFIANCE *en l'Éternel;* cependant dans le Nouveau Testament, Rom. 4 : 3 et Gal. 3 : 6, où l'apôtre cite le passage de Gen. 15 : 6, M. Segond traduit : *Abraham* CRUT...

Pourquoi cette inexactitude dans un passage si capital, et quand la concordance de l'Ancien avec le Nouveau Testament est en jeu ?

M. Segond traduit *hèèmin* (croire) par *se confier* encore, par exemple, 2 Chr. 20 : 20 ; mais il le traduit aussi par *espérer* (Job 15 : 22) ; par *n'être pas sûr.* (Ps. 27 : 13) par *prendre pour appui.* (Es. 28 : 16.)

Mais relevons particulièrement encore le passage Ps. 116 : 10. J'ai CRU, *c'est* POURQUOI *j'ai parlé* (Laus). M. Segond dit : J'AVAIS CONFIANCE LORSQUE JE DISAIS. Cette traduction inexacte met encore en défaut le Nouveau Testament, où (2 Cor. 4 : 13) l'apôtre cite ce passage et dit : *Selon qu'il est écrit :* J'AI CRU, C'EST POURQUOI *j'ai parlé*[1].

4° Émounah (foi, fidélité).

Le mot *Émounah* présente une difficulté : il doit se traduire par un mot différent en français, selon qu'il s'applique à des personnes ou à des choses, aux rapports de l'homme avec l'homme, ou de Dieu vis-à-vis de l'homme ou enfin de l'homme vis-à-vis de Dieu. On doit donc, selon les cas, le traduire par *foi, fidélité, fermeté.* Toutefois M. Segond traduit trop librement 2 R. 12 : 15 où il met *probité* et Es. 33 : 6 où il se sert du mot *sûreté.*

Mais passons au passage de première importance : Habacuc 2 : 4, *Le juste vivra par sa* FOI (Laus)[2].

M. Segond traduit : *par sa* FIDÉLITÉ. Ce qui donne un sens tout différent. Le contexte montre avec évidence qu'il s'agit de la foi en la promesse de Dieu et non de la fidélité de l'homme. C'est ainsi que l'ancienne synagogue a déjà compris ce passage. M. Segond est encore ici en contradiction avec sa propre traduction du Nouveau Testament où, Rom. 1 : 17, il est dit : *selon* qu'IL EST ÉCRIT : *Le juste vivra par la* FOI, ainsi que Gal. 3 : 11. Qui a raison ici, M. Segond ou l'apôtre Paul ?

Et qu'on ne dise pas que l'apôtre s'est laissé influencer par la version des Septante, car précisément en ce passage elle

---

[1] Il est échappé aux réviseurs de la version de Lausanne quelques passages où *heemin* n'est pas traduit par croire : Deut. 1 : 32 (avoir foi) 9 : 23 (id) I Sam. 27 : 12 (avait confiance) Mich. 7 : 5 (se fier). Nous nous permettons de les y rendre attentifs.

[2] Comp. les beaux développements que donne sur ce passage *Keil*: Die 12 Kleinen Proph. p. 423 ; ainsi que *Delitzsch*, Proph. Habakuk, cité par M. Keil.

traduit inexactement, et autrement que l'apôtre Paul [1].

Il faut bénir Dieu de ce qu'il a permis cette erreur. La version grecque ne peut servir ici de prétexte pour affaiblir la portée de la citation du passage d'Habacuc dans le Nouveau Testament, où il forme avec Gen. 15 : 6 la base scripturaire de la justification du pécheur par la foi en la parole, en la promesse de Dieu.

A côté de ces mots bibliques par excellence citons-en encore quelques autres.

5o Goël (Rédempteur) et Gaal (Racheter).

Ce mot important, à cause de la doctrine de la Rédemption et de ses types dans l'Ancien Testament, est traduit par M. Segond, dans les passages que nous avons consultés, de quatre manières différentes. Le plus souvent il traduit le verbe par *racheter* ; mais, Ps. 19 : 15, au lieu de rendre le substantif par *rédempteur*, il le traduit par *libérateur* ; puis, Nombr. 35 : 12, 19, 21, 25, par *vengeur*, ce qui est inexact ; car il s'agit dans ces passages d'une revendication, d'un rachat au prix du sang du coupable, et non d'une simple vengeance. De même dans le passage Job 19 : 25, il ne s'agit nullement d'une vengeance mais d'une revendication.

Exod. 15 : 13, M. Segond met le verbe *délivrer*, et il traduit très librement :

Par ta MISÉRICORDE *tu as conduit*, tu as DÉLIVRÉ ce peuple ; au lieu de traduire exactement : *Tu as conduit par ta* GRACE *le peuple dont tu t'es fait le* RÉDEMPTEUR (Laus.).

Job 3 : 5, M. Segond dit : *s'emparer*, ce qui est tout à fait inexact, car dans ce passage « les ténèbres et l'ombre de la mort » sont considérées comme le véritable domaine de ce jour maudit où Job est né ; ce jour n'aurait, dans la pensée de Job, pas dû être enlevé à son domaine ; les ombres de la mort doivent donc le *racheter* puisqu'elles l'ont laissé échapper, comme on rachète un bien fonds qui est tombé en d'autres mains. (Voir sur ce passage Delitzsch, *Das Buch Job.* p. 68).

Dans le même ordre d'idées signalons une autre inexactitude :

---

[1] **Elle dit** : ὁ δὲ δίκαιος ἐκ πίστεώς μου ζήσεται.

Dans le Nouveau Testament : 1 Cor. 6 : 20 ; 7 : 23 ; 2 Pier. 2 : 1 ; Apoc. 5 : 9 ; 14 : 3, M. Segond traduit le mot *agorazein*, qui signifie *acheter*, comme s'il y avait *lutroo*, qui signifie *racheter*. Il y a cependant une différence sensible entre ces deux termes.

6° Cohen (sacrificateur).

Nous ne nous arrêterons pas à l'emploi du mot malsonnant de *prêtre* par lequel M. Segond traduit le mot *cohen*. Nous préférons, avec la version de Lausanne, le mot *sacrificateur*, bien qu'il ait, tout comme le mot *prêtre*, un sens moins général que le mot *cohen*, qui n'a pas d'équivalent assez large en français. Cet inconvénient, toutefois, disparaît pour un lecteur attentif de la Bible par la comparaison des passages 2 Sam. 8 : 18, où le titre de *sacrificateurs* est donné aux fils de David, avec le passage parallèle I Chr. 18 : 17, où ces mêmes fils de David sont appelés *les premiers à côté du roi*, ainsi qu'avec I Rois 4 : 5, où le titre de *sacrificateur* donné à Zaboud, fils de Nathan, est expliqué par le terme *ami* (confident, conseiller intime) *du roi*. Un lecteur de la Bible, comparant passage avec passage, quand même il ne saurait pas un mot d'hébreu, trouverait par la Bible elle-même que le mot *sacrificateur* désigne dans la Bible quelqu'un qui se tient auprès d'un supérieur pour traiter ses affaires et recevoir ses communications particulières. Il en conclura que c'est dans ce sens aussi qu'il faut prendre le mot *sacrificateur* quand il désigne les ministres du culte lévitique. Ce ne sont pas seulement des hommes chargés d'offrir des sacrifices, mais les *amis de Dieu*, ses confidents, *les premiers auprès de lui*. C'est précisément ce qu'est Jésus-Christ, le vrai souverain sacrificateur du peuple de Dieu, et ce que nous sommes par lui, nous qui formons un royaume de sacrificateurs, comme dit l'Ecriture.

Cette idée riche du mot *Cohen* échappera au lecteur de la version de M. Segond, qui dans les passages 2 Sam 8 : 18 ; 20 : 26 et I Rois 4 : 5, traduit *Cohanim* [1] par *ministres d'État* ; car il ne se doutera pas le moins du monde que des *ministres*

---

[1] Forme du pluriel de *Cohen*.

d'État puissent être désignés dans l'original par le même mot que les *sacrificateurs du culte lévitique.* Même M. Reuss, qui se permet de bien plus grandes libertés que M. Segond, traduit le mot *Cohanim* dans ces quatre passages, comme il le fait partout, par *prêtres.*

7°. Les diverses espèces de sacrifices.

Dans les premiers chapitres du Lévitique les sacrifices sanglants (Sébachim[1],) et les sacrifices non sanglants, sont compris sous le terme général de *Korban, (offrande).*

Cette partie des oracles de Dieu distingue ensuite cinq espèces de sacrifices :

A) *L'holocauste (-Olah),* qui symbolise l'entière consécration à Dieu.

B) *L'hommage (Minechah)* indique la consécration à Dieu de notre activité. La Minechah est un sacrifice non-sanglant.

C) *Les sacrifices de prospérité (Sibechej schelamim* ou *Sébachim* tout court, ou aussi simplement *Schelamim, de Schalom, paix, prospérité.)* Ce sont des sacrifices eucharistiques ou d'actions de grâces et de communion. En effet, la bête étant offerte à Dieu, une partie en revenait, de la part de Dieu, au sacrificateur, et à celui qui offrait le sacrifice ; on devait le manger en présence de Dieu. C'est la victime immolée qui devient la nourriture du fidèle, et celui-ci devient le commensal de Dieu. C'est l'expression la plus haute de la joie, du bonheur et de la paix du peuple de Dieu.

Ces sacrifices étaient aussi offerts dans des cas de détresse, où le fidèle, s'humiliant et recherchant la face de Dieu, renouvelle sa communion avec lui sur la base des promesses, c'est-à-dire de la communion établie dans le passé (Jug. 21 : 4).

D) *Le sacrifice de péché (Chattaah)* représente, par la mort de la victime, amenée par l'effusion de son sang, le châtiment du pécheur ; car la mort est le salaire du péché.

---

[1] Malgré le sens général du mot *Sebachim,* ce mot désigne spécialement, en tout cas dans le Pentateuque, les *sacrifices de prospérité.*

E) *Le sacrifice de culpabilité* (*Ascham*) représente la satisfaction donnée à Dieu pour réparer le dommage que nos transgressions lui ont causé ; car, pour que la paix avec Dieu soit parfaitement rétablie, il ne suffit pas que la peine du péché soit portée (sacrifice de péché) ; il faut aussi que le dommage du péché soit réparé. *Le sacrifice de culpabilité* complète et achève ainsi le *sacrifice du péché* ; il en est le couronnement.

Nous ne mentionnons pas les autres noms de sacrifices qui rentrent dans les catégories énumérées, spécialement dans celle des sacrifices de prospérité, et dérivent des circonstances ou des dispositions dans lesquelles se trouve celui qui offre le sacrifice. Rappelons seulement que c'est Jésus-Christ qui, par sa vie sainte et par sa mort sur la croix, a accompli le sens de tous ces sacrifices : La consécration de son être entier à Dieu, son obéissance jusqu'à la mort, c'est l'holocauste (*Olah*) ; l'hommage (*Minechah*) qui l'accompagne toujours, c'est le détail de la sainte activité de Jésus-Christ, pendant chaque jour de sa vie. Dans son sacrifice sur la croix il subit la peine du péché du monde ; c'est le sacrifice expiatoire proprement dit, le sacrifice de péché (*Chattaah*), par lequel il apaise la justice divine. En même temps qu'il l'offre, ce sacrifice, accompli selon la volonté de Dieu et précédé de sa vie sainte, consomme son obéissance (Phil. 2 : 8) ; il répare ainsi nos transgressions, et donne une entière satisfaction à la sainteté divine ; c'est le sacrifice de culpabilité (*Ascham*). Jésus-Christ, enfin, est notre sacrifice de paix (*Schèlem*) ; car il donne à ses croyants « sa chair à manger et son sang à boire » ; ce dont ils ont un gage dans la Sainte Cène.

Nous sommes entré dans ces détails pour faire comprendre au lecteur chrétien combien il est important pour l'intelligence de l'œuvre rédemptrice du Seigneur, préfigurée dans sa plénitude par les sacrifices lévitiques, de fixer le caractère spécial de chaque espèce de sacrifices. Or, pour cela il est absolument nécessaire qu'il n'y ait pas de confusion dans les termes. C'est ici, ou jamais, qu'il faut traduire sans varier le même mot du texte original par le mot qu'on aura choisi pour lui correspondre dans notre langue.

C'est encore ce que ne fait malheureusement pas la version de M. Segond.

Le mot *Korban* (offrande) est tantôt rendu par *offrande* : Lév. 1 : 2 ; 3 : 12 ; 17 : 4 ; 23 : 14 etc.) ; tantôt par le verbe *offrir* : (Lév. 3 : 14 ; 4 : 23, 28 ; 9 : 7 etc.). Cela peut paraître peu important, puisque le substantif dérive de ce verbe ; cependant, que l'on compare le passage Lév. 22 : 18 traduit littéralement avec la version de M. Segond, et l'on verra que la traduction littérale présente une précision qui manque absolument à la seconde. Pour plus de clarté, nous numéroterons les différents membres de phrase :

Quand un homme a) offrira SON OFFRANDE
b) dans tous les sacrifices votifs,
c) dans tous les sacrifices volontaires
d) qu'ils offrent à l'Éternel en HOLOCAUSTE... (Laus.)

Il s'agit là *a*) d'abord du cas général d'une *offrande* (*Korban*) ; *b*) et *c*) indiquent deux cas dans lesquels cette *offrande* peut-être présentée à Dieu ; la phrase *d*) enfin indique quelle espèce de sacrifice constitue cette *offrande* faite à Dieu : un *holocauste*.

Voici comment M. Segond rend ce passage :
Tout homme... a) qui offrira un holocauste à l'Éternel,
b) soit pour l'accomplissement d'un vœu,
c) soit comme offrande volontaire...

Ce n'est certes pas là une traduction, c'est un résumé. La phrase *d*) est résumée dans *a*), au détriment du mot *offrande*, *Korban*, qui disparaît dans le verbe ; dans *b*), les mots *sacrifices votifs* deviennent *l'accomplissement d'un vœu*, et dans *c*), les *sacrifices volontaires* deviennent une *offrande* volontaire ; le terme spécial de sacrifice, qui rappelle une effusion de sang, est remplacé par le mot *offrande* qui, comme nous l'avons dit plus haut, peut aussi désigner les hommages non-sanglants.

Dans d'autres endroits, et c'est bien plus grave encore, M. Segond confond le terme général *offrande* (*Korban*) avec le sacrifice non sanglant de *l'hommage* (*Minechah*.) M. Segond ayant adopté, comme la version de Lausanne, le mot *offrande* comme correspondant de *Korban*, il aurait dû de toute nécessité employer un autre terme pour la *Minechah* ; autant que nous avons pu le constater, il ne l'a fait qu'une seule fois : Lév. 2 : 1, où il traduit *Minechah* par *don* ; dans tous les autres cas que nous avons comparés, il met *offrande* : Ex. 29 : 41 ; 30 : 9 ; 40 : 29 ; Lev. 2 : 3, 4, 5, etc., (en géné- ral, il y a dans ce chapitre un grand nombre d'inexactitudes). Nomb. 4 : 16 ; 5 : 25, 26 ; 6 : 15, 17 ; 7 : 13 ; 8 : 8 ; 15 : 4, etc.; etc. Jos. 22 : 23, etc. I R. 8 : 64 etc. Ps. 20 : 4 ; 40 : 7 ; 141 : 2. Es. 19 : 21. etc. Jérem. 14 : 12 ; Ezéch. 46 : 14. Ainsi dans la version de M. Segond, le *Korban* et la *Minechah*, sauf une fois, sont toujours confondus sous une même dénomina- tion.

Quant aux *Schelamim* (sacrifices de prospérité), M. Segond les appelle sacrifices *d'actions de grâces*. Ce terme est trop étroit, et ne correspond pas à l'étymologie ; mais l'ayant adopté, M. Segond aurait dû s'y attacher dans tous les cas ; or, Nomb. 29 : 39, il dit *sacrifice de prospérité* ; le lecteur de sa version s'imaginera donc qu'il s'agit, dans ce passage, d'une nouvelle espèce de sacrifices. — D'un autre côté, M. Se- gond parle de sacrifices d'actions de grâces, qu'on croit donc être des *Schelamim*, là où dans le texte il n'y en a pas ; ainsi Jérem. 33 : 11 ... *La voix de ceux qui offrent* DES SACRIFICES D'ACTIONS DE GRACES *dans la maison de l'Éternel* ; tandis qu'il y a dans le texte hébreu : *apportant* LA LOUANGE *à la maison de l'Éternel* (Laus.), ce qui est bien différent. Am. 4 : 5, il y a une confusion semblable ; il est question dans le texte de *louange* (Todah) et M. Segond en fait des sacrifices d'actions de grâces (Schelamim.)

Quant à la *Chattaah* (*sacrifice de péché*), M. Segond traduit quelquefois par *sacrifice de péché* ou *pour le péché* : Nomb. 15 : 27. Tandis que dans d'autres cas il traduit par *sacrifices ex- piatoires*, ce qui est inexact, parce qu'on pourrait croire que le caractère expiatoire appartient exclusivement à cette es- pèce de sacrifices, alors qu'il appartient tout aussi bien aux sacrifices de culpabilité (*Ascham*) comme cela se voit claire- ment dans Lév. 5 : 16 : *le sacrificateur fera* EXPIATION *pour cet homme avec le bélier* DU SACRIFICE DE CULPABILITÉ. — Le choix de ce terme entraîne encore un autre inconvénient : il détruit l'harmonie entre Ps. 40 : 7, où M. Segond dit : *tu ne demandes ni holocaustes, ni* VICTIME EXPIATOIRE, et l'ép. aux Hébr., où M. Segond traduit : 'tu n'as *agréé ni holocauste, ni* SACRIFICE DE PÉCHÉ.

Mentionnons encore une autre erreur au sujet de *l'eau d'impureté* (M. Segond dit *eau de purification)*, dans le passage Nomb. 19 : 9, où M. Segond croit que les mots : *Chattath hou* (litt. sacrifice de péché cela) se rapportent à l'eau d'impureté, et traduit en conséquence : *C'est une eau expiatoire.* En réalité ces mots forment le résumé de tout le paragraphe de la *vache rousse* et signifient : *C'est un sacrifice de péché ;* c'est la *vache rousse* qui est un sacrifice de péché, comme cela ressort surtout du vers 17ᵉ ; l'aspersion par *l'eau d'impureté* a pour but la *purification* et non *l'expiation*, qui devait être faite préalablement. Ce sont des notions bien distinctes.

Enfin M. Segond confond quelquefois le sacrifice de *culpabilité (Ascham)* avec le *sacrifice de péché (Chattaah)*. Ainsi Lév. 19 : 22, il parle du bélier offert comme victime *pour le péché*, tandis que le texte parle du *bélier de culpabilité ;* de même, I Sam. 6 : 3, M. Segond fait dire aux sacrificateurs philistins : *faites à Dieu une* OFFRANDE POUR LE PÉCHÉ ; tandis qu'il y a littéralement : *ne manquez pas de lui payer un* SACRIFICE DE CULPABILITÉ (Laus.)

Cette même confusion existe dans l'important passage Esaïe 53 : 10, où M. Segond traduit : *Quand il aura livré sa vie en* SACRIFICE POUR LE PÉCHÉ ; tandis qu'il y a en hébreu : *Quand son âme aura fourni le* SACRIFICE DE CULPABILITÉ (Laus.) Par cette expression, le prophète fait voir que l'œuvre rédemptrice accomplie par le Serviteur de l'Éternel (Jésus-Christ) est parfaite puisque le sacrifice de culpabilité suppose le sacrifice du péché dont il est le couronnement.

On le voit, il serait impossible d'étudier la doctrine si importante des sacrifices dans la version de M. Segond ; or, c'est là la moëlle des Écritures.

CHAPITRE III

Erreurs et inexactitudes diverses.

1º Le nom de Dieu.

Dans une révélation aussi majestueuse que celle du Nom de Dieu faite par le Dieu souverain à un homme, il semble que la traduction la plus exacte est de rigueur.

Nous lisons Ex. 3 : 14 : Dieu dit à Moïse : *Je suis celui qui suis* (Laus.) Il serait peut-être plus correct, en français, de dire avec M. E. Schulz (Encyclop. des sciences rel. VII, 234) : *Je suis qui je suis*. L'une et l'autre de ces traductions respecte scrupuleusement la forme du 2ᵉ verbe, qui en hébreu est à la 1ʳᵉ personne, comme en français. M. Segond met le verbe du 2ᵉ membre de phrase à la 3ᵉ personne : *Je suis celui qui est*.

De même dans la suite du verset, au lieu de traduire selon le texte hébreu : *Tu diras aux fils d'Israël* : JE SUIS *m'envoie vers vous*, M. Segond dit... CELUI QUI EST *m'envoie vers vous*.

Est-ce là traduire fidèlement ? M. Segond en altérant ainsi la forme du verbe rend impossible au lecteur de sa version la découverte du vrai sens du Nom ineffable ; car *je suis celui qui est* semble signifier tout simplement que l'idée *d'être*, *d'existence en soi*, forme l'attribut essentiel de Dieu. Tandis que *Je suis qui je suis* a un sens beaucoup plus en rapport avec les circonstances dans lesquelles se trouvait le peuple de Dieu à l'époque de cette révélation.

En disant *Je suis qui je suis*, Dieu révèle non seulement son absolue liberté, c'est-à-dire qu'il est lui-même la cause de son *être*, et que c'est lui aussi qui en détermine la modalité à chaque moment, idée qui se retrouve Es. 44 : 6 ; mais Dieu

révèle surtout, par la définition de son nom, qu'il est le Dieu
de l'alliance, comme s'il disait : *Je suis à chaque moment,
Celui comme qui je me révèle maintenant* ; il se révèle comme
le Dieu fidèle, qui a choisi son peuple, qui se souvient de lui,
et qui le conduit au but en vue duquel il l'a élu. Les passages
parallèles prouvent que c'est bien là le sens du nom de Dieu.
Ex. 33 : 19, Dieu dit : *Je fais grâce à qui je fais grâce.*
Comme le dit très-bien M. E. Schulz, ces paroles doivent se
comprendre ainsi : je fais grâce en tel cas particulier à qui j'ai
fait grâce d'une manière générale et éternelle. De là les nombreuses exhortations à la confiance dans le nom de Jéhovah.
Que le lecteur veuille bien comparer les passages suivants
cités par M. Schulz : Ps. 9 : 11 (10) ; 20 : 8 (7) ; Es. 26 : 4 ; Os.
12 : 6, 7, et surtout Malach. 3 : 6 : *Car je suis Jéhovah*, JE NE
CHANGE PAS.

Ce que nous venons de dire prouve que la traduction du
nom *Jéhovah* par le mot *Éternel*, qui se retrouve dans toutes
nos versions françaises, est inexacte, et qu'il vaudrait mieux re-
produire ce nom sacré, soit dans sa forme adoptée par l'usage
Jéhovah, soit dans celle probablement plus exacte *Jahevèh*.
La version de Lausanne dans quelques passages dit Jéhovah ;
elle aurait dû le faire partout ; seulement, dans ce cas, il ne
faut pas négliger d'ajouter l'*h* finale, car le saint *tétragramme*
(mot à quatre lettres) ne doit pas être mutilé.

2° Différentes manifestations de Jéhovah : L'ange de Jéhovah, l'ange de la Face, la Face de Jéhovah, la Voix de Jéhovah.

On connaît l'importance, surtout au point de vue christolo-
gique, de la doctrine des diverses manifestations de Dieu dans
l'Ancien Testament. Quelle que soit la solution qu'on donne à la
question de l'Ange de l'Éternel, ou Ange de la Face, toujours est-
il qu'une version fidèle doit, dans une aussi délicate question, indiquer toutes les nuances du texte hébreu, qu'il s'agisse de
l'Ange de Jéhovah, de la *Face de Jéhovah* ou de la *Voix de Jéhovah*.

M. Segond, qui traduit très exactement certains passages où

il est question de ces diverses révélations, s'est départi de cette exactitude dans les passages suivants :

Gen. 22 : 11 : *Et l'ange de l'Éternel* (Laus.); M. Segond dit : Or *un ange* de l'Éternel.

Ex. 33 : 14 : MA FACE IRA, *et je te donnerai du repos* (Laus.) M. Segond dit : JE MARCHERAI MOI-MÊME *avec toi*, et je te... Là M. Segond fait dire au texte ce qu'il ne dit pas. Car d'après l'Ancien Testament la *face* de Dieu est distincte de Dieu tout en étant Dieu. Même le traducteur qui personnellement n'admettrait pas cette doctrine est obligé de traduire le mot *Panaï* par *face* et non par *je*.

La même grave inexactitude se retrouve dans les passages suivants :

Ex. 33 : 15 : *Si* TA FACE *ne vient pas* (avec nous), ne nous fais pas monter d'ici (Laus.). M. Segond dit : *Si tu ne marches pas* TOI-MÊME *avec nous*... Deut. 4 : 37 : *Il t'a fait sortir de l'Egypte par sa* FACE (Laus.). M. Segond : *Il t'a fait* LUI-MÊME sortir d'Égypte... Ps. 21 : 10 (9) : *Le jour où tu montreras* TA FACE... (Laus.) M. Segond : *Le jour où* TU TE montreras.

Une erreur semblable se trouve dans le passage Es. 63 : 9. L'ANGE DE SA FACE les a sauvés (Laus). M. Segond : *L'ange qui est devant sa face*... Les anges en général se tiennent *devant la face de Dieu*, mais *l'Ange de sa face* est autre chose dans l'Ancien Testament qu'un ange qui se tient devant la face de Dieu.

De même pour la révélation de Dieu par *sa Voix*, M. Segond traduit inexactement en disant, Deut. 4 : 12 : *vous entendîtes le* SON DES *paroles*; tandis qu'il y a dans le texte hébreu : Vous entendîtes la *voix des paroles* (Laus.). *Le son des paroles* serait l'impression produite sur l'oreille par les paroles prononcées par Dieu; il ne s'agit nullement de ce fait physique, mais bien de la *voix* qui prononçait des paroles.

3°. Diverses erreurs dogmatiques : Résurrection et Rédemption.

M. Segond traduit Ps. 49 : 16 : *Dieu* SAUVERA *mon âme du séjour des morts, car il me* PRENDRA SOUS SA PROTECTION. S'agit-il ici de la résurrection, ou simplement de la préservation de la mort dans un danger menaçant la vie du psalmiste? La fin du verset, selon la traduction de M. Segond, semble indiquer qu'il s'agit d'une simple préservation. Le texte hébreu indique cependant bien clairement qu'il est question de *résurrection*: Dieu RACHÈTERA *mon âme* de LA PUISSANCE (litt. de la MAIN) *du séjour des morts; car il me* PRENDRA (Laus). Les derniers mots ne signifient pas que Dieu prendra le psalmiste sous sa protection, mais *qu'il le prendra à lui* après l'avoir *racheté* de la *main* du séjour des morts.

De même au vers. 15 (14) du même psaume, il y a: au MATIN les *hommes droits marchent sur eux.* C'est au matin de la résurrection que le psalmiste fait allusion. M. Segond affaiblit cette belle expression en la traduisant par *bientôt*, ce que le mot hébreu ne signifie pas.

Au Ps: 68: 21, M. Segond dit: *L'Éternel, le Seigneur, peut nous* GARANTIR *de la mort;* tandis qu'il y a en hébreu: *C'est à l'Éternel, le Seigneur,* de FAIRE SORTIR *de la mort* (Laus.) C'est toujours la doctrine de la résurrection qui est éliminée par ces traductions inexactes.

La notion de la *rédemption,* du *rachat,* est affaiblie dans le Ps. 130: 7 où M. Segond dit: *il multiplie les* DÉLIVRANCES; tandis qu'il y a littéralement: *auprès de lui est une* ABONDANTE RÉDEMPTION (Laus.)

De même Ps. 31: 6 (5), il y a: tu me *rachètes;* M. Segond dit: tu me *délivreras.* Ps. 103: 3: *qui* RACHÈTE *ta vie de la fosse;* M. Segond: *qui* DÉLIVRE...

Au Ps. 79: 9, M. Segond fait dire au psalmiste simplement: PARDONNE *nos péchés.* Le texte hébreu dit: FAIS PROPITIATION pour *nos péchés.* Le verbe de l'original rappelle le propitiatoire de l'arche de l'alliance. De même, Ps. 65: 4 (3), les mots: *c'est lui qui* FAIS PROPITIATION pour nos *transgressions* (Laus.), sont rendus par M. Segond par: *tu* PARDONNERAS *nos transgressions.*

4° Erreurs touchant les choses finales.

Amos 9 : 11. *En ce jour-là, je relèverai* LA CABANE de *David qui est tombée* (Laus.). M. Segond traduit trop librement et inexactement : *je relèverai de sa chute* LA MAISON *de David.* Cette traduction inexacte nuit à l'harmonie entre les deux Testaments ; car, Act. 15 : 16, Jacques citant ce passage dit : *je réédifierai* la TENTE *de David qui est tombée.*

Ps. 110 : 6. *Il écrase la* TÊTE (le chef) *d'une vaste terre* (Laus.) M. Segond dit inexactement : *il brise* DES TÊTES *sur toute l'étendue du pays.* Cette traduction inexacte efface le parallélisme entre ce passage et Hab. 3 : 13, où il s'agit de la lutte du Christ contre l'Antichrist. M. Segond, à la vérité, peut ne pas admettre cette explication, mais il n'a pas le droit de transformer le singulier en pluriel.

Zach. 5 : 6. C'est L'ASPECT qu'ils [présentent] dans *toute la terre* (Laus.) M. Segond, dans ce passage, modifie les consonnes du texte, comme s'il y avait *iniquité*, et traduit : *c'est leur* INIQUITÉ *dans tout le pays.*

La traduction que donne M. Segond de Zach. 2 : 8 : *après cela viendra la gloire,* est en tout cas contestable. Celle de la version de Lausanne nous semble préférable : *c'est après la gloire qu'il m'a envoyé ;* c'est ainsi que traduit M. Reuss en paraphrasant un peu trop : *c'est pour revendiquer sa gloire qu'il m'envoie.*

Zach. 14 : 6 ᵇ. M. Segond suit une ancienne variante et traduit : *il y aura du froid et de la glace,* au lieu de s'attacher au texte qui dit : *Les* [astres] *brillants se figeront* (ou se *cailleront*) ; ce qui est d'accord avec l'ensemble des indications eschatologiques sur l'immense révolution cosmique qui précède le jour du Seigneur (Joel 2 : 31 ; Matth. 24 : 29 ; Apoc. 6 : 12-13). Au point de vue de la théopneustie, cet accord est important.

5° Le dépôt de l'Éternel.

Il est question dans le Nouveau Testament d'un *dépôt* que l'Église de Dieu doit garder : I Tim. 6 : 20 ; II Tim. 1 : 14.

L'Ancien Testament renferme la même idée, bien que le mot hébreu *mischmèreth* vienne d'une autre racine que le mot grec *paracatathèkè* (dépôt). Cependant le mot hébreu peut à juste titre être traduit par *dépôt*, comme le fait la version de Lausanne, car il désigne une chose qu'on doit *garder*, *conserver*, sur laquelle on doit *veiller*. Mais, quel que soit le mot correspondant français que l'on adopte, l'essentiel c'est qu'on le maintienne dans tous les cas où cela est possible. C'est ainsi que la version de Laus. traduit *mischmèreth* par *dépôt*, qu'il s'agisse de l'agneau pascal (Ex. 12: 6), ou de la manne dans l'urne d'or (Ex. 16: 32), ou du sanctuaire et de ses meubles sacrés (Nomb. 1: 53; 3: 28; 3: 31; 4: 27; 4: 31), ou d'une personne qui est confiée à votre garde (1 Sam. 22: 23), ou enfin des oracles de Dieu (Gen. 26: 5; Lév. 8: 35; 22: 9; Deut. 11: 1; 1 Rois 2: 3). Dans tous ces cas, M. Segond traduit tantôt par *garder*, tantôt par *conserver*, puis par être *chargé de, remettre aux soins de, observer, pratiquer les commandements, les ordres, les préceptes.*

Voici un exemple de l'inconvénient qu'il y a à ne pas traduire le même mot hébreu par le même mot français : I R. 2: 3, David dit à Salomon : GARDE LE DÉPÔT (MISCHMÈRETH) DE L'ÉTERNEL, *ton Dieu en marchant dans ses voies, et en gardant ses statuts, ses commandements, ses ordonnances et ses témoignages, selon ce qui est écrit dans la loi de Moïse...* (Laus). M. Segond dit : *Observe les commandements* (au lieu de : garde le dépôt) *de l'Éternel ton Dieu, en marchant dans ses voies, et en gardant ses lois, ses ordonnances, ses jugements et ses préceptes, selon ce qui est écrit...* C'est un pléonasme que de dire: Observe les commandements en marchant dans les lois... La traduction littérale n'est pas seulement plus exacte; elle est plus riche quant au sens, et plus belle quant à l'expression.

6° Inexactitudes diverses choisies au hasard.

1) Ps. 68: 12 (11). *Les* MESSAGÈRES DE BONNES NOUVELLES sont une *grande armée* (Laus.) M. Segond : *des* FEMMES *proclament en foule la victoire*; ce qui n'est ni exact, ni poétique.

2) Es. 63: 1. *Quel est* CELUI-CI, *qui arrive d'Edom ?* (Laus.) M. Segond : *Quel est* ce GUERRIER? mot qui n'est pas dans le texte. A la fin du verset : *c'est moi qui parle* EN JUSTICE, [qui] *suis grand pour sauver!* (Laus.) M. Segond: *c'est moi* qui ai PROMIS LE SALUT, qui ai le *pouvoir de délivrer.* On dirait que M. Segond avait un autre texte sous les yeux.

3) Es. 33; 24. *Le peuple qui l'habite a reçu le pardon de* SON PÉCHÉ. M. Segond met le pluriel de *ses iniquités.*

4) Es. 34: 4. *Toute leur armée se* FLÉTRIT, *comme* se FLÉTRIT *la feuille de la vigne...* (Laus.) M. Segond, au lieu de dire FLÉTRIT (*Nabèl*), dit tomber, comme s'il y avait *naphal : toute leur armée tombe...*

5) Sophon. 1. 4: *Je retrancherai de ce lieu le* RESTE *de Baal, le nom des prêtres d'idoles avec les sacrificateurs* (Laus.). M. Segond met le pluriel dans la 1ʳᵉ partie de ce passage : RESTES, puis il continue: *le nom de ses ministres et les prêtres* AVEC. Cet *avec* sans complément n'est pas élégant. Au verset 3 déjà M. Segond se sert de cette tournure trop familière : les objets de scandale et les méchants *avec*; il y a littéralement : les *causes de chute,* ⌈savoir⌉ *les méchants,* comme traduit la version de Laus.

6) Deut 8: 3... *Afin de te faire connaître que* L'HOMME ne *vit pas de pain seulement, mais que* L'HOMME vit *de tout ce qui sort de la bouche de* L'ETERNEL (Laus.). M. Segond efface la répétition du mot *homme* dans les deux membres de phrase, il se trouve cependant dans l'hébreu; et résume les deux phrases en une seule : *afin de t'apprendre que l'homme* PEUT *vivre non seulement de pain, mais de tout ce qui sort de la bouche de l'Éternel;* résumer n'est pas traduire. En 2ᵉ lieu, dans l'original, il y a *vit* et non pas *peut vivre.*

7) Quant aux *couleurs du sanctuaire* Ex. 25: 4 - 5, etc; elles sont mieux rendues par M. Segond que par la version de Lausanne dans deux cas: *Thékéleth,* que Laus. traduit par *pourpre,* est la pourpre *bleue,* le bleu foncé; M. Segond *bleu. Argaman,* que Laus. traduit par *écarlate,* est la *pourpre rouge* ; M. Segond : *pourpre.* Les autres couleurs sont bien rendues dans les deux versions: *cramoisi* et *fin lin ;* ce der-

nier était naturellement de couleur blanche. La détermination des couleurs véritables est importante à cause de l'idée symbolique qu'elles représentent :

Le *bleu foncé*, couleur du ciel, est le type de la fidélité immuable de Dieu, il répond au nom de Jéhovah.

Le *pourpre rouge*, c'est la couleur royale; celui qui habite ce sanctuaire est le Roi par excellence.

Le *cramoisi*, la couleur de sang, représente la vie; Dieu est le *vivant*.

Le *fin lin blanc* rappelle la sainteté; Dieu est le saint.

Mais M. Segond a-t-il raison de traduire *les peaux de Tachasch* par *peaux teintes en bleu*? Il a pour lui l'autorité de la version des Septante, et d'autres versions grecques, ainsi que de la Vulgate; mais le passage Ezéch. 16: 10 semblerait plutôt donner raison à ceux qui croient que *Tachasch* est le nom, non d'une couleur, mais d'une bête; non pas sans doute du *taisson*, comme le pense la version de Lausanne, mais plutôt, selon MM. Keil et Reuss, du *manati*, « cétacé de la famille des dauphins, fréquent dans la mer rouge » (Reuss, Hist. sainte et Loi II p. 69). Outre le passage d'Ezéchiel, la circonstance que les peaux des *Tachasch* devaient servir de couverture extérieure enveloppant toutes les autres, pour garantir celles-ci des intempéries atmosphériques, semble militer en faveur de cette dernière interprétation.

8) Au Ps. 23 : 1, le mot *Mismor*, qui est toujours traduit par *Psaume*, est rendu par *Cantique*.

9) Ps. 1 : 6. *La voie des méchants périra* (Laus.). M. Segond affaiblit cette expression énergique; il explique, au lieu de traduire, et dit: *la voie des pécheurs mène à la ruine*. Nous ferons observer en passant que M. Segond confond fréquemment les mots *Raschah* (*méchant*) et *Chattah* (*pécheur*), ainsi que d'autres termes qui rentrent dans le même ordre d'idées; dans notre verset, par exemple, le texte hébreu parle du *Raschah* (*méchant*); M. Segond traduit ainsi au 1er verset; mais ici il dit *pécheur*, comme s'il y avait *Chattah*.

10) Ps. 10 : 2. *Par l'orgueil du méchant, l'affligé est consumé* (Laus.). M. Segond change la construction de la phrase

hébraïque et dit : *Le méchant dans son orgueil poursuit les malheureux.*

11) Prov. 1 : 2, 3, 7. Dans ces trois versets et dans d'autres encore, il est question de *discipline (Mousar)* ; M. Segond dit *instruction*, bien que, Prov. 3 : 11, il soit bien obligé de traduire ce mot par *correction*.

12) Lament. 3 : 22. *Ce sont les grâces de l'Éternel, que* nous n'avons *pas entièrement péri* (Laus.). M. Segond traduit comme si, au lieu de la 1re personne du pluriel (*tamenou*), il y avait la 3e personne (*tamou*) : *Les bontés de l'Éternel ne sont pas épuisées.*

13) Lament. 4 : 22. *Elle est finie [la peine de] ton iniquité, fille de Sion* (Laus.). M. Segond dit : *Ton iniquité est expiée.* L'idée d'expiation est, ici, complétement étrangère au texte ; il s'agit de la fin du châtiment ; cela ressort d'une façon évidente de la suite du verset ; or souvent les mots *péché, iniquité* sont pris pour *peine du péché, de l'iniquité*, par exemple, Gen. 4 : 13.

14) Ezéch. 1 : 22. Il est question dans ce passage d'*une étendue de cristal redoutable* (Laus.), qui se trouve au-dessus des chérubins. M. Segond dit *cristal resplendissant.* Cependant le mot *norah* signifie *redoutable, ce qui inspire la crainte, la terreur ;* ce mot est employé Jug. 13 : 6, où il est question de l'Ange de l'Éternel dont l'aspect est redoutable, et Job 37 : 21, où Elihou parle de la majesté redoutable de Dieu.

7° Inexactitudes dans les quatre premiers chapitres de la Genèse.

Dans le § précédent nous avons choisi les passages au hasard. Voici à quel résultat on pourrait arriver si l'on voulait prendre chapitre par chapitre. Nous choisissons comme exemple les quatre premiers chapitres de la Bible, et encore négligerons-nous bien des détails.

GENÈSE 1.

Nous ne parlerons pas du 2me verset ; il faudrait une longue dissertation.

3. Quoiqu'on soit accoutumé aux mots : *que la lumière soit,* par lesquels M. Segond rend l'original, *qu'il y ait de la lumière* comme dit Laus. serait plus exact. Or, dans l'histoire si mystérieuse de la création racontée d'une façon si concise, chaque nuance du texte doit être observée.

4. De même au 4me verset M. Segond dit : *Dieu sépara la lumière d'avec les ténèbres.* La version de Laus. serre le texte de plus près en disant: *Dieu fit séparation* ENTRE *la lumière et les ténèbres.* Il y a là une nuance qui sous le rapport cosmogonique peut avoir son importance.

14. La 2me partie de ce verset est inexactement traduite dans la version de M. Segond ainsi que dans celle de Lausanne. Il y a littéralement: *Et qu'ils soient pour* SIGNES, *et pour* SAISONS (ou *époques*) *et pour* JOURS et ANNÉES ; c'est-à-dire qu'ils doivent servir 1° de signes, qu'ils doivent fixer en 2me lieu les époques ou saisons, 3° les jours et 4° les années ; c'est ce que dit le texte ; c'est à l'exégèse de rechercher comment les astres sont des signes indépendamment de leur but de fixer les saisons, les jours et les années.

GENÈSE 2.

4. *Voici les* GÉNÉRATIONS *des cieux et de la terre* (trad. litt.). Au lieu de *générations* M. Segond dit *origines.* Le mot Toledoth signifie générations. Ce mot figure en tête des 10 divisions de la Genèse (abstraction faite de Gen. 1 : 1-2 : 3), qui la coupent en dix livres d'inégale étendue : 2 : 4 ; 5 : 1 ; 6 : 9 ; 10 : 1 ; 10 : 10 ; 11 : 27 ; 25 : 12 ; 25 : 19 ; 36 : 1 ; 37 : 2. La comparaison de ces dix titres fait voir qu'il s'agit de générations dans le sens étymologique du mot : les événements qui se déroulent d'un premier fait, comme l'effet de la cause. Dans une traduction libre le mot *histoire* rendrait assez exactement le sens que possède ici le mot *Toledoth.* De Wette et Perret-

Gentil traduisent ainsi. M. Segond, toujours en violant la règle de l'uniformité de traduction, traduit 2 : 4 par *origine*, ce qui est inexact, car il ne s'agit pas à partir de 2 : 4 de l'origine des cieux et de la terre, mais bien de ce que les cieux et la terre, une fois créés, sont devenus. A partir de 5 : 1, M. Segond traduit Toledoth par *postérité*, ce qui n'est pas exact non plus ; cela ressort de 37 : 2.

7. *L'homme devint une* AME VIVANTE (Laus.). M. Segond dit : un ÊTRE VIVANT, quoique dans l'original il y ait *Nephesch*, qui signifie *âme*. Ce passage est cité 1 Cor. 15 : 45, passage que M. Segond traduit bien : *C'est pourquoi il est écrit : Le premier homme, Adam, devint une* AME VIVANTE. Pourquoi dès lors mettre *être* vivant dans Gen. 27, malgré le texte de l'Ancien et celui du Nouveau Testament ?

8. ET *l'Eternel planta* (Laus.). M. Segond dit : PUIS *l'Eternel planta*, ce qui n'est pas seulement inexact, mais donne lieu à une fausse interprétation de tout ce chapitre. La théorie rationaliste d'un double récit contradictoire de la création est contenue dans ce mot : PUIS ; tandis que la traduction littérale : *et*, permet une tout autre interprétation.

20. M. Segond traduit : *Il ne trouva pas* D'ÊTRE *semblable à lui* ; le texte à la place d'un *être* parle d'une AIDE, ce qui est différent.

GENÈSE 3.

5. Avec Martin et Osterv. M. Segond traduit *comme* DES DIEUX ; le mot du texte hébreu permet parfaitement de dire *comme* DIEU. Adam et Eve ne connaissaient qu'un seul Dieu ; à moins qu'on n'admette qu'il est question ici de Dieu et des anges, ce qui, à la rigueur, pourrait être le cas.

8. *Au vent du jour* (Laus.) M. Segond, au lieu de traduire, explique et dit : *vers le soir*. Indépendamment de la question d'exactitude, ce détail peut avoir son importance dans la question des conditions atmosphériques de la terre avant la chute.

16. *J'augmenterai beaucoup ton travail* ET *la grossesse* (Laus.). M. Segond traduit trop librement et inexactement : *j'augmenterai la souffrance* DE TES *grossesses*. Le second membre de

4

phrase peut n'être, à la vérité, vis-à-vis du premier, que dans un simple rapport d'apposition, et, dans ce cas, M. Segond donne le vrai sens du texte. Toutefois, il y a des théologiens qui ont basé sur ce mot ET la théorie de la présence au milieu de l'humanité élue d'une postérité de non-élus. C'est une question d'exégèse que le traducteur n'a pas le droit de trancher à priori.

22. *Et maintenant il ne faut pas qu'il étende la main et prenne aussi* (Laus.). M. Segond traduit trop librement : EMPÊCHONS-LE *maintenant d'avancer sa main...*

24. *Les chérubins* ET *l'épée flamboyante qui se tournait çà et là* (Laus.). M. Segond dit inexactement: *les chérubins* QUI AGITENT UNE *épée flamboyante.* Le texte ne dit nullement que les chérubins tenaient une épée ; il parle d'un côté des chérubins, et de l'autre, de l'épée flamboyante qui se tournait çà et là.

GENÈSE 4.

1. *J'ai* ACQUIS *un homme* (Laus.). M. Segond : *j'ai* FORMÉ *un homme.* Le verbe *Kanah* signifie *former* ; mais son premier sens est *acquérir.* M. Segond lui-même traduit ce verbe par *acquérir* dans plusieurs passages : Ex. 15 : 16 ; Ps. 74 : 2 ; Ps. 78 : 54 ; Prov. 4 ; 7 ; Prov. 15 : 32 etc. etc. Pourquoi pas dans notre verset? Le choix du verbe *acquérir* est plus en rapport avec les sentiments qui animaient Ève lors de la venue au monde de son premier-né. Les derniers mots de son exclamation font voir que le principal sujet de sa joie n'est pas la simple *formation* de cet enfant, mais *l'acquisition* qu'elle fait en lui *de l'homme* POUR *Jéhovah* ou *de l'homme* EN VUE *de Jéhovah.* C'est là, selon nous, le sens du mot *eth*[1], dans notre passage, et non *avec l'aide de,* comme traduisent les vers de Laus. et M. Segond, ni *par,* comme dit Ostev. C'est le sens de cette même particule dans les passages Gen. 5 : 24 ; 6 : 9 ; Jug. 17 : 11 ; Ps. 67 : 2 (1) ; Ezéch. 47 : 22, etc. Ève voit en Caïn la postérité promise par Dieu, qui entreprendra

[1] C'est ainsi que Hofmann entend *eth* dans notre passage : Weiss. n. Erfül. I p. 77. et à peu près ainsi W. Hoffmann : Adam u. s. S. Encycl. de Herzog I p. 120.

la lutte contre le serpent. Au point de vue purement grammatical, on pourrait aussi traduire : *J'ai acquis l'homme, Jéhovah*, en prenant *eth* comme signe de l'accusatif. On pourrait sans doute se demander, alors, si Ève a déjà connu le mystère de la future incarnation de Jéhovah, du Fils de Dieu ; mais c'est là encore une question qui rentre dans le domaine de l'exégèse, que le traducteur n'a pas à trancher ; il convient donc de mettre, en tout cas, cette seconde manière de traduire en note, comme le fait la version de Lausanne.

8. *Caïn* s'éleva *contre Abel, son frère* (Laus). M. Segond : *se* jeta *sur son frère Abel.* Avant de se jeter sur Abel, Caïn s'était élevé contre lui ; l'expression *se jeter sur quelqu'un* se trouve Jug. 8 : 21 ; mais là, il y a un verbe hébreu tout différent.

15. *Et l'Éternel* mit un signe *à Caïn* (Laus.). M. Segond traduit inexactement : et l'Éternel fit connaître *à Caïn*...

23. *Oui,* je tue *un homme* (Laus.). M. Segond, au lieu de faire prononcer à Lémec une menace pour l'avenir, lui fait rappeler un événement passé en traduisant : j'ai tué *un homme.* Cela est grammaticalement possible, mais répond moins bien au sens général des paroles de Lémec.

25. *Dieu a* mis *une autre* postérité *pour moi à la place d'Abel* (Laus.). M. Segond : *Dieu m'a* donné *un autre* fils à la place... Cette traduction fait disparaître le rapport qu'il y a entre les paroles d'Ève et le nom de Seth, qui signifie *mis.* En outre, Ève ne parle pas simplement d'un fils, mais de toute une postérité. La nuance entre les deux termes est assez grande pour qu'il ne soit pas permis de les confondre.

Si, au lieu de choisir au hasard des passages de la version de M. Segond, comme nous l'avons fait au §. 6, on examinait chapitre après chapitre, à quelle somme d'inexactitudes de traduction n'arriverait-on pas ?

CHAPITRE IV

Nouveau Testament.

La version du Nouveau Testament de M. Segond est, sans contredit, supérieure à celle de M. Oltramare, que la Compagnie des Pasteurs de Genève avait d'abord jointe à celle de l'Ancien Testament de M. Segond. Mais la scrupuleuse exactitude qui convient à un livre inspiré lui fait également défaut.

1º Variantes et Texte reçu.

Toute version populaire doit avoir pour point de départ le *texte reçu*, par la seule raison que ce texte, ayant servi de base à toutes les versions vulgarisées, est entre les mains de tous. Des notes indiqueraient les variantes, celles du moins qui influent d'une manière sensible sur une traduction. Il faut que le lecteur sache si la différence qu'il constate entre la version nouvelle et les anciennes provient d'une différente manière de traduire, ou d'un texte différent adopté par le traducteur.

M. Segond a abandonné le texte reçu. Encore s'il avait au moins, comme M. Rilliet, pris pour base un des grands anciens textes, ou si, ayant choisi M. Tischendorf pour guide, — quoique, paraît-il, les savants commencent à contester les mérites de la méthode suivie par cet éminent critique, — il l'avait suivi invariablement, sauf toujours à indiquer dans des notes 1º la leçon du texte reçu, et 2º les leçons non admises par M. Tischendorf, mais préférées par le traducteur !

M. Segond ne fait ni l'un ni l'autre ; il est du même coup traducteur et critique du texte, sans seulement indiquer en notes ses préférences et les raisons de son choix.

Le lecteur qui n'est pas au courant des variantes n'a aucun fil conducteur ; les autres ont besoin, pour se former un jugement sur la valeur de la traduction de M. Segond, de la lire en la confrontant à chaque pas avec le texte de M. Tischendorf. En outre, on est obligé, si l'on ne veut pas se tromper dans l'appréciation de l'exactitude de la traduction, de rechercher dans les nombreuses variantes des éditions critiques, si l'étrangeté de tel passage qui vous frappe, n'a pas pour raison une variante adopté par M. Segond, plutôt qu'une trop grande liberté de traduction. Voir la note page 82.

2° Divinité de Jésus-Christ.

Il faut savoir gré à M. Segond d'avoir rendu la majuscule au mot *Dieu*, dans les premiers versets de l'Evangile de Jean, là où son prédécesseur, M. Oltramare, avait mis *dieu* ; et de s'être écarté de la ponctuation adoptée par M. Tischendorf, ainsi que par M. Oltramare, dans le fameux passage Rom. 9 : 5, que M. Segond rend, comme il convient, de la manière suivante : *de qui est issu, selon la chair, le Christ,* QUI EST DIEU *sur toutes choses, béni éternellement. Amen !*

Malheureusement dans les passages suivants, M. Segond, par une traduction qui ne s'attache pas fidèlement à la lettre du texte, enlève à Jésus-Christ la qualification de Dieu.

Tite 2 : 13, il y a littéralement : ... *attendant la bienheureuse espérance et l'apparition de la gloire de* NOTRE GRAND DIEU ET SAUVEUR *Jésus-Christ* (Laus.). M. Segond traduit comme si l'article grec était répété devant le mot Sauveur : ...*la manifestation de la gloire* DU GRAND DIEU ET DE NOTRE SAUVEUR Jésus-Christ, comme si l'apôtre avait voulu parler 1° de la gloire de Dieu, et 2° de celle de notre Sauveur Jésus-Christ ; tandis que l'apôtre appelle notre Sauveur lui-même le grand Dieu.

De même, 2 Pier. 1, 1, il y a littéralement : ... *en la justice de* NOTRE DIEU ET SAUVEUR *Jésus-Christ* (Laus.). M. Segond traduit encore ici comme si l'article grec était répété devant Sauveur : ...*par la justice de* NOTRE DIEU ET DU SAUVEUR *Jésus-Christ*, enlevant encore à Jésus-Christ la qualification de *Dieu* que lui donne l'apôtre.

Ce qu'il y a de remarquable, et ce qui prouve bien que si l'apôtre entend parler séparément de Dieu et de Jésus-Christ il met deux fois l'article, c'est que dans le passage qui suit immédiatement celui dont nous venons de parler (2 Pier. 1 : 2), il y a : ...*dans la pleine connaissance* DE DIEU ET DE *Jésus notre Seigneur* (Laus. et Seg.).

Contradiction étrange à noter : Au verset 11 du même chapitre, il y a une tournure exactement semblable à celle de la fin du 1er verset , avec la seule différence qu'à la place du mot *Dieu*, il y a *Seigneur ;* or, ce passage-ci, M. Segond le traduit exactement : ...*l'entrée dans le royaume éternel de* NOTRE SEIGNEUR ET SAUVEUR *Jésus-Christ*... (et non pas de notre Seigneur et de notre Sauveur Jésus-Christ). De même 2 Pier. 3 : 18, *la connaissance* DE NOTRE SEIGNEUR ET SAUVEUR JÉSUS-CHRIST, et Jude 4 : *notre seul* MAITRE ET SEIGNEUR *Jésus-Christ.* Si M. Segond reconnaît qu'il faut traduire ainsi dans ces trois cas, pourquoi ne pas le faire dans les passages Tit. 2 : 13 et 2 Pier. 1 : 1, où la construction est identique ?

Il y a une phrase semblable, 2 Thes. 1 : 12 ; Jésus-Christ y est aussi appelé Dieu : *selon la grâce de* NOTRE DIEU ET SEIGNEUR *Jésus-Christ.* Eh bien ! ici, M. Segond traduit de nouveau comme si l'article grec était répété : *selon la grâce de* NOTRE DIEU ET DU *Seigneur Jésus-Christ.*

Même erreur dans Ephés. 5 : 5, où M. Segond dit : *dans le royaume du Christ* ET DE *Dieu*, tandis qu'il y a dans le texte original littéralement : *dans le royaume* DU *Christ et Dieu*, ce qui ne peut se rendre en français que par la périphrase employée par la version de Laus. : *dans le royaume de celui qui* EST CHRIST ET DIEU. Cette tournure est un peu pesante, comme le dit Ad. Monod (Expl. de l'Ep. aux Eph. p. 326) ; mais elle est exacte ; « car nous croyons, dit le même commentateur avec Harless et contre l'avis d'Olshausen, que l'absence de l'article devant le mot *Dieu* ne peut s'explique r qu'en y voyant un second nom du même être qui vient d'être appelé *Christ*, et que ce passage est de ceux qui rendent témoignage à la déité du Seigneur. » Une construction identique se trouve au 20e vers. du même chapitre : *au Dieu et Père* (ou, comme dit Laus., *à celui qui est Dieu et Père*). M. Segond dit : *à Dieu le père* ; mais il ne dit pas *à Dieu et au Père*, car il est trop évident qu'il ne s'agit que d'une personne et non de deux. Mais alors pourquoi ne pas s'attacher simplement au texte dans le passage précédent, où aussi la manière dont l'apôtre emploie l'article indique qu'il ne s'agit que d'une personne ?

3o Uniformité de traduction.

Comme pour l'Ancien Testament, il serait facile de faire un choix de mots du Nouveau Testament et de montrer l'inconvénient qu'il y a à les rendre sans nécessité absolue par des expressions françaises diverses. Nous ne citerons qu'un exemple :

Le mot *thlipsis* (*tribulation*) est traduit par M. Segond,
tantôt par *tribulation* : Apoc. 7 : 14 ; Act. 14 : 22, etc.
tantôt par *détresse :* Matth : 24 : 21, 29 ; 2 Cor. 8 : 13, etc.
tantôt par *persécution* : Act. 11 : 19, etc.
puis par *affliction* : Rom. 5 : 3, etc.
par *souffrance* : Col. 1 : 24 ; Jean 16 : 21, etc.
et enfin par *tourments* : (Matth. 24 : 9, etc.)

Voilà six expressions différentes, qui ont d'ailleurs chacune un mot correspondant en grec, dont M. Segond se sert pour traduire le même mot. C'est tout d'abord traduire inexactement ; puis, c'est jeter la confusion dans l'esprit du lecteur qui aura de la peine à reconnaître, par exemple, la *grande tribulation* mentionnée Apoc. 7 : 14 dans la « *détresse si grande* », comme dit M. Segond dans Matth. 24 : 21, tandis qu'en grec il y a la même expression : *Il y aura une* GRANDE TRIBULATION (Matth. 24 : 21 ; Laus.) ...; *or aussitôt après la* TRIBULATION (Matth. 24 : 29). — *Ce sont ceux qui viennent de la* GRANDE TRIBULATION (Laus. Apoc. 7, 14). L'unité dans les termes fait ressortir l'unité de l'enseignement de la Bible.

4o Confusion des temps des verbes grecs.

Nous nous bornerons à quelques exemples :
M. Segond traduit exactement Jean 5 : 2 : *à Jérusalem... il* Y A *une piscine.*
Mais, Jean 21 : 19, il traduit le futur par le conditionnel : Le

texte dit : *Or il dit cela pour signifier de quelle mort il* GLORI-
FIERA *Dieu* (Laus.). L'emploi de ce futur prouve qu'au moment où Jean écrivait ces mots, Pierre était encore en vie.
La rédaction de l'Evangile doit donc être fixée à une époque
bien antérieure à celle qu'on a coutume de lui assigner. Ce
futur, on le voit, a une grande importance pour l'histoire du
Nouveau Testament et pour l'apologétique chrétienne. —
M. Segond, comme la généralité des traducteurs, met le conditionnel :...*de quelle mort Pierre* GLORIFIERAIT DIEU ; ce qui est
inexact, et détruit la valeur apologétique de notre verset.

Act. 23 : 27, M. Segond fait dire au commandant Lysias,
dans sa lettre au gouverneur Félix : *ayant appris qu'il* ÉTAIT
romain. Tandis que Lysias a écrit en réalité : *qu'il* EST *romain*
(Laus.). Ici l'inexactitude du traducteur est sans conséquence
pour l'intelligence de l'ensemble ; le simple bon sens disant
au lecteur que Paul était vivant quand Lysias écrivait cette
lettre. Mais une inexactitude semblable a une portée plus
grande dans Act. 22 : 29 où M. Segond dit : *le tribun voyant
que Paul* ÉTAIT *romain fut dans la crainte* ; tandis qu'il y a
en grec : *et le commandant craignit aussi quand il sut positi-
vement qu'il* EST *romain* (Laus.). C'est Luc, le rédacteur des Actes
qui parle ; et il n'a pu se servir raisonnablement du *présent*
que dans le cas où Paul vivait encore quand il écrivait ces mots.

De même, Act. 22 : 30, M. Segond traduit :...*de quoi les Juifs*
L'ACCUSAIENT. Il y a littéralement : *de quoi il* EST *accusé par les
Juifs.* (Laus. 1ʳᵉ, 2ᵉ et 3ᵉ édit.). Luc n'a pu s'exprimer de la
sorte que si, au moment de la rédaction de son livre,
Paul était encore en vie, et même s'il n'était pas encore dé-
chargé de l'accusation qui pesait sur lui. Le livre des Actes a
donc été écrit avant la fin du procès de Paul. (voir L. Burnier.
La version du Nouveau Testament dite de Lausanne p. 148 et
suiv. où nous avons puisé ces exemples ainsi que ceux du § 5.)

Si l'histoire du Nouveau Testament et la science apologétique
sont intéressées à la traduction exacte des passages cités, la
dogmatique l'est, à son tour, dans le passage Rom. 5 : 12, où
M. Segond dit : *parce que tous* ONT PÉCHÉ. En grec il y a le
temps appelé aoriste, qui doit se traduire par le passé défini :

parce que tous PÉCHÈRENT. L'aoriste se rapporte simplement au passé, sans allusion quelconque à aucune autre portion de la durée ; de plus, il exprime ce qui est momentané dans le passé, par opposition à ce qui est continu ou souvent répété : *la mort a passé sur tous les hommes parce que tous péchèrent,* savoir *quand pécha celui par qui la mort a passé sur tous les hommes.* » (Hodge, commentaire sur l'Ep. aux Rom. I p. 326).

5° Traduction inexacte de certaines prépositions.

Il est parfois difficile de rendre exactement le sens de certaines prépositions ; d'autres fois, aucune difficulté de ce genre n'existe ; alors le devoir du traducteur est nettement tracé.

Rom. 4 : 25. M. Segond avec nos anciennes versions françaises dit : lequel *a été livré* POUR *nos offenses et est ressuscité* POUR *notre justification.* Il semblerait ainsi que Jésus-Christ est ressuscité en vue de notre justification, ce qui au point de vue dogmatique est une erreur. Jésus-Chrit, notre saint Représentant, est ressuscité parce que nous avons été justifiés par sa mort. La préposition grecque est mal traduite. Voici la traduction exacte qui confirme précisément le point de vue dogmatique que nous venons d'indiquer en quelques mots : *Qui fut livré* A CAUSE *de nos péchés, et qui se réveilla* A CAUSE *de notre justification* (Laus.).

Dans d'autres cas, M. Segond affaiblit la pensée de l'écrivain inspiré, soit en traduisant par une préposition française moins énergique celle de l'original, soit en mettant la même préposition française dans une même phrase où en grec il y en a deux avec des nuances différentes. C'est ainsi qu'il dit dans Rom. 5 : 1 : *Etant donc justifiés par* (en grec : ek) *la foi, nous avons la paix avec Dieu* PAR (en gr. dia ton...) *notre Seigneur Jésus-Christ.* Tandis qu'il y a littéralement, en donnant à la première préposition (*ek*) toute son énergie et en traduisant la seconde (*dia* suivi de l'acc.) comme il convient par : *par le moyen de : Etant donc justifiés par* L'EFFET *de la foi,* nous avons *la paix avec Dieu* PAR LE MOYEN *de notre Seigneur Jésus-Christ* (Laus.).

I Jean 5 : 6. — M. Segond traduit par le même mot *avec* deux prépositions différentes. Il y a littéralement : *C'est lui Jésus, le Christ, qui est* venu AU TRAVERS de (*dia* avec le gén.) *l'eau et du sang, et non* DANS (ou *avec,* en gr. *en*) *l'eau seulement; mais* DANS (ou *avec,* en gr. *en*) *l'eau et le sang.* M. Segond traduit la première préposition (*dia*) par *avec,* ainsi que les deux autres.

Matth. 28 : 19. M. Segond *dit* : BAPTISEZ-LES AU NOM *du Père*... C'est ainsi que font nos anciennes versions; mais il y a en grec : *baptisez-les* POUR (*eis*) *le Nom du Père* (Laus.). Cela constitue un sens différent.

6° Exemples d'erreurs diverses.

Les *pacifiques* de M. Segond, en Matth. 5 : 9, sont en réalité des *pacificateurs* (Laus.).

Matth. 5 : 19. — M. Segond dit : *Celui donc qui transgressera l'un de ces petits commandements et qui de la sorte enseignera aux hommes de les transgresser*... Tandis que le texte grec dit : *Quiconque donc aura* ÉBRANLÉ (ou *renversé*) *un seul de* CES PLUS PETITS *commandements et aura* ENSEIGNÉ AINSI *les hommes* (Laus.). Il n'est question de *transgression* ni dans le premier ni dans le second membre de phrase; il est question d'un docteur qui déclare *périmé* tel ou tel commandement, (le verbe grec *luein,* traduit par la version de Laus. par *ébranler,* signifie littéralement *dissoudre*) et qui enseigne les hommes comme si ce commandement n'existait plus. C'est une tout autre idée que celle que donne au texte la version de M. Segond. — En outre, il n'est pas seulement question d'un *petit* commandement, comme le fait croire la version de M. Segond, mais même d'un *des plus petits,* comme dit le texte original. —

Matth. 5 : 32. — M. Segond fait dire au Seigneur : *celui qui répudie sa femme, sauf pour cause d'infidélité,* L'EXPOSE *à devenir adultère.* Tandis que le Seigneur dit en réalité : *Quiconque répudiera sa femme, si ce n'est pour cause de fornication,* LUI FAIT COMMETTRE *adultère* (Laus.) —

Luc indique très clairement dans le premier verset du livre des Actes, quel est le contenu, le but de l'Evangile et du livre des Actes. Cette indication est très importante pour l'interprétation de ces saints livres; il est dit, Act. 1 : 1 : *J'ai* FAIT *mon premier livre, ô Théophile, sur toutes les choses que Jésus* COMMENÇA ET DE FAIRE ET D'ENSEIGNER *jusqu'au jour...* (Laus.). D'après ces paroles de Luc, son Évangile raconte le *commencement de l'œuvre* et de *l'enseignement* de Jésus-Christ. Le second livre (vulgairement, et à tort, appelé *Actes des Apôtres*), exposera par conséquent la *continuation* de l'œuvre et de l'enseignement de Jésus-Christ. C'est Jésus-Christ qui, d'après Luc, agit et enseigne dans le second livre du haut du ciel, comme il avait agi et enseigné sur la terre, dans le premier. Cette détermination du sens général et du but des deux livres de Luc faite par Luc lui-même, est l'idée-mère du beau commentaire allemand de M. *Mich. Baumgarten*[1]. Les allures libres que M. Segond a l'habitude de prendre vis-à-vis du texte sacré lui ont fait complétement méconnaître le sens et la portée de ce verset important pour la science exégétique. Il traduit : *Théophile, j'ai* PARLÉ, *dans mon premier livre, de tout ce que Jésus a fait et enseigné* DÈS LE COMMENCEMENT *jusqu'au jour...* —

Phil. 3 : 21, M. Segond parle de *notre corps* VIL ; il y a en grec : *le corps de notre* HUMILIATION (Laus.). —

Hébr. 10 : 11. — *Tandis que tout sacrificateur* SE TIENT DEBOUT *chaque jour en exerçant son ministère, et en offrant plusieurs fois les mêmes sacrifices... quant à celui-ci, après avoir offert, pour les péchés, un seul sacrifice, il* S'EST ASSIS *à perpétuité à la droite de Dieu* (Laus.). Le nerf de ce passage c'est la différente attitude des sacrificateurs de l'une et de l'autre alliance : celui de l'ancienne alliance *se tient debout* chaque jour, il n'a jamais fini son œuvre, elle est toujours à recommencer, elle n'est donc ni parfaite ni définitive. Tandis que le souverain sacrificateur de la nouvelle alliance, après avoir offert un seul sacrifice, *s'est assis* à perpétuité à la droite de Dieu, il n'a plus à recommencer son œuvre sacerdotale en tant qu'œuvre expiatoire ; il n'a plus rien à faire pour notre réconciliation avec Dieu, qui est achevée. M. Segond néglige de traduire les mots

[1] Apostelgeschichte oder Entwicklungsgang der Kirche von Jerusalem bis Rom.

se tient debout et dit très librement, sans se laisser diriger par les mots du texte : *tandis que tout prêtre fait chaque jour le service et offre souvent les mêmes sacrifices...* Ici cependant, même M. Oltramare et De Wette auraient pu guider M. Segond, sans parler de M. Darby et des traducteurs de Lausanne.

7° Exemples d'inexactitudes diverses.

La Bible divise les hommes sous le rapport ethnologique en deux catégories : les *Juifs* et les *nations*. Cette distinction existe dans le Nouveau comme dans l'Ancien Testament. M. Ségond fait des *nations (ta ethnè)* des *païens,* ce qui, d'abord, n'est pas conforme à l'étymologie des mots ; en outre, M. Segond introduit ainsi dans le texte une idée qui n'y est pas aussi absolument que dans le mot français *païen.* Puis, subitement, ces mêmes *païens* deviennent de simples *nations* ; par exemple : Rom. 15 : 10-12, passage qui est une citation de l'Ancien Testament où en effet il aurait été difficile de mettre *païens,* et Luc 21 : 24 ; tandis que, Rom. 11 : 25, M. Segond parle de nouveau de *païens.*

Les chrétiens d'origine non-juive appartiennent aux *nations,* sans être pour cela des *païens* ; d'un autre côté, les nations christianisées, sans être *païennes,* sont cependant des *nations,* des *ethnê* comme on dirait en grec, nations qui ont besoin d'être évangélisées, et dont l'Église de Jésus-Christ est distincte. En traduisant comme fait M. Segond, on arrive à trouver inapplicables à la société actuelle des passages comme Ephés. 2 : 11 ; 3 : 1, et à ne considérer ces textes que comme des textes bons pour des sermons en faveur des missions pour les païens. Ceci n'est pas une simple supposition. C'est arrivé en présence de l'auteur de ces lignes en deux circonstances : dans un auditoire d'exercices homilétiques et dans une prédication faite par un ministre plus ou moins orthodoxe. La traduction uniforme de *ta ethnè* par *nations* a une portée ecclésiologique. —

Les *êtres vivants* d'Apoc. 4 : 6 etc. sont les chérubins de l'Ancien Testament. Ces êtres occupent la plus haute position dans la hiérarchie des esprits célestes ; ils sont les porteurs du trône de Dieu, les médiateurs de la présence de Dieu dans un lieu déterminé; ils chantent la gloire de Dieu et de l'Agneau qui a racheté l'humanité. M. Segond en fait, avec nos anciennes versions, des *animaux*. Sans doute, le mot grec *zoon* signifie *animal*; mais il signifie aussi *être vivant*, non seulement étymologiquement, mais dans le langage courant. Le fait que ces êtres chantent la gloire du Dieu Créateur et du Dieu Rédempteur prouve surabondamment que, dans la pensée du prophète, ce ne sont pas des animaux. — Dans les passages parallèles de l'Ancien Testament, dans Ezéchiel, M. Segond commet, avec beaucoup d'autres, la même erreur. —

Dans le même chapitre 4 de l'Apoc., les vingt-quatre *anciens* qui sont assis sur des trônes sont chez M. Segond des *vieillards*, comme dans la version d'Ostervald. Il s'agit cependant, non de l'âge de ces glorieux personnages, qui, étant des esprits[1], ne sont ni jeunes ni vieux; mais de la charge, de la dignité dont ils sont revêtus; ils forment le conseil de Dieu, et comme tels, il est déjà question d'eux dans l'Ancien Testament, par exemple : Ps. 89 : 7-8 (6-7) et Es. 24 : 23. Ils sont appelés *anciens* parce que leur ministère dans le ciel correspond sur la terre à celui des anciens des villes d'Israël, et des anciens dans les assemblées chrétiennes. —

L'Écriture parle de *l'achèvement du siècle* (Matth. 28 : 20 ; 24 : 3), ce qui est tout autre chose que la *fin du monde* comme traduit M. Segond. Cette traduction inexacte met dans l'impossibilité de comprendre ce que l'Écriture enseigne sur la première résurrection, la venue de Jésus-Christ, le règne millénial et le dernier jugement; ce dernier seul coïncide avec la fin du monde. —

Dans le Nouveau Testament, les nombres sont énoncés en mots et non en chiffres. Il n'y a que deux exceptions, que

---

[1] On peut objecter que ceci est l'interprétation particulière de l'auteur de ces lignes. Il l'appuie, avec Hofmann, Luthardt, Füller etc., sur le cantique même que les anciens chantent avec les chérubins, d'après la leçon résultant de la comparaison des anciens manuscrits, leçon suivie d'ailleurs par M. Segond : « Tu as été égorgé et tu as acheté pour Dieu par ton sang [des hommes] de toute tribu, et langue, et peuple et nation, et tu as fait [d'eux] pour notre Dieu un royaume et des sacrificateurs, et ils règneront sur la terre. » (Apoc. 5 : 9-10.) Ceux qui chantent ce cantique, et ce sont précisément les vingt quatre anciens avec les chérubins, ne sont pas compris parmi les êtres rachetés par Jésus-Christ; ce sont donc des êtres célestes. Ce passage est décisif.

nous sachions, à cette règle : Apoc. 7 : 5-8 et Apoc. 13 : 18 ;
dans les autres cas, dans l'Apocalypse elle-même, ils sont écrits
en mots. Quant à Apoc. 7 : 5-8, les manuscrits ne sont pas
d'accord ; les uns expriment le nombre de douze milliers et de
cent quarante-quatre milliers en mots, les autres en chiffres.
Tischendorf donne la préférence aux premiers et, alors, ce cas
rentre dans la règle générale. Il n'en est pas de même
d'Apoc. 13 : 18, où l'autorité des manuscrits qui écrivent le
nombre 666 en chiffres, prévaut sur le manuscrit du Sinaï
qui l'écrit en lettres. Cette particularité a son importance et
doit être reproduite dans les traductions ; c'est ce qu'ont fait
les versions de Lausanne, de M. Arnaud et de De Wette. En
effet, ce chiffre a, d'abord, un sens typique et marque l'inachevé
dans les unités, les dizaines et les centaines. C'est en 7 jours
que Dieu a achevé son œuvre et s'est reposé ; l'antichrist,
malgré tous les progrès humains dans tous les domaines, n'arrivera pas à amener l'humanité au repos, représenté par le
chiffre 7. C'est comme tel que le chiffre de l'antichrist forme
un contraste avec celui du nom de Jésus, écrit en caractères
grecs, et qui fait exactement 888, type de la nouvelle création ;
le huitième jour ou premier jour d'une nouvelle semaine étant
le jour de la résurrection, la base et le commencement de la
nouvelle création [1]. Écrit en chiffres, ce type frappe les yeux
mieux que s'il est écrit en mots. Mais c'est, sans doute, un
autre motif encore qui aura engagé l'apôtre Jean à écrire ce
nombre en chiffres. M. Godet l'indique dans ses *Etudes bibliques* [2]. 666 écrit en chiffres grecs forme l'abréviation du
nom de Christ (χϛ) séparé par le ξ (χξϛ). Or le ξ a la forme
du serpent qui se déroule. Le chiffre qui caractérisera l'antichrist, et qui ne sera que l'addition de la valeur numérique des
lettres de son nom grec, aura cette particularité, qu'il repré-
sentera d'une façon emblématique la vraie nature de l'antichrist ; il nie Christ, il le transperce, comme il est dit I Jean
2 : 23 et 4 : 3. Dans ce dernier passage, comme le fait judicieu-
sement observer M. Godet : *tout esprit qui ne confesse pas Jésus-*

[1] Comp. les commentaires sur l'Apoc. de Hofmann, Luthardt, Füller, etc.
[2] II p. 379 et suiv. (1re éd.)

Christ, il est remarquable que les mots : *ne confesse pas* sont remplacés chez d'anciens écrivains ecclésiastiques, qui le citent, par les mots : *qui dissout* (diluei). Or, le nom du Christ est dissous par le ξ dans le chiffre de l'antichrist, dans Apoc. 13 : 18. —

I Jean 3 : 1, M. Segond dit : *Voyez quel amour le Père nous a* TÉMOIGNÉ. Or il y a en grec une expression plus énergique : *nous a* DONNÉ (Laus.). Si cette traduction paraît choquante, il faut en accuser le grec, qui l'est tout autant. Au besoin, si on le préfère, on pourrait, avec M. Darby, dire : *de quel amour le Père nous a fait don* ; ou avec M. Reuss : *quel amour le Père nous a accordé*... Ces traductions sont exactes, mais le mot : *témoigné* de M. Segond est trop faible. —

Au vers. 2 du même chapitre, M. Segond dit : *lorsque* CELA *sera manifesté*. Il vaudrait mieux dire, avec la version de Lausanne : *lorsqu'*IL *sera manifesté* ; c'est-à-dire lorsque Jésus-Christ sera manifesté. Il est vrai, c'est là une question d'interprétation plutôt que de traduction ; mais les mots suivants qui motivent notre ressemblance future avec Jésus-Christ «*parce que nous le* (Jésus-Christ) *verrons tel qu'il est*, indiquent bien que c'est la version de Lausanne qui traduit bien. —

Dans les versets suivants, M. Segond ne fait aucune différence entre *pécher* (*hamartanein*) et *pratiquer le péché* (*poiein hamartian*) ; il traduit invariablement les deux expressions par *pécher*. Puisque le texte inspiré établit une différence dans les expressions, le traducteur est tenu de suivre cette indication. Et certes, dans ce cas surtout, il en vaut la peine : «Nous bronchons tous en beaucoup de choses », dit l'Ecriture (Jac. 3 : 2). La Bible et l'expérience chrétienne montrent que nous péchons souvent ; la 1° épitre de Jean l'indique elle-même clairement (1 : 8 et 3 : 3). Mais si le chrétien pèche encore, il ne vit plus dans le péché, il n'en fait plus son élément ; c'est là ce que veut dire l'apôtre par l'expression de *pratiquer le péché*. En se servant de cette dernière expression aux vers. 4, 8 et 9, l'apôtre détermine clairement dans quel sens il faut prendre le mot *pécher* employé en sous-ordre aux versets 6 et 9. —

Une autre inexactitude se rencontre chez M. Segond, dans le même verset 4° du chap.3 de la 1° ép. de Jean : *quiconque* pratique le péché, PRATIQUE AUSSI L'INIQUITÉ, *et le péché est l'iniquité* (Laus.). M. Segond, au lieu de : *pratiquer l'iniquité*, dans le premier membre de phrase, dit : *transgresse la loi* ; et au lieu de : *iniquité* dans le 2ᵉ membre de phrase, il met : *transgression de la loi.* Cela n'est pas exact, et n'explique pas au lecteur la pensée de l'apôtre. Que le péché est une transgression de la loi, cela ne valait pas la peine d'être dit. Mais l'apôtre a autre chose en vue. Il veut montrer comment la pratique du péché, la vie dans le péché, exclut la communion avec Jésus-Christ : car la pratique du péché est l'antichristianisme en germe. En effet, celui que Jean appelle l'antichrist, l'apôtre Paul l'appelle l'*Inique* (anomos, c'est-à-dire celui qui s'élève au-dessus de toute loi). 2 Thess. 2 : 7, 8 ; dans le même passage, il parle du mystère d'iniquité, (mustèrion tès *anomias*) *qui déploie déjà son efficace* ; or, dit l'apôtre Jean, quiconque pratique le péché pratique aussi l'iniquité, c'est-à-dire l'antichristianisme. On voit combien il est important, pour faire saisir la pensée de l'apôtre Jean et pour faire ressortir l'unité de l'enseignement apostolique, de rendre exactement les deux termes différents dont Jean se sert pour indiquer deux manières différentes de pécher.

A vrai dire, les mots *iniquité* et *inique* ne nous plaisent guère ; ils ne rendent pas d'une façon adéquate les mots grecs si énergiques : *anomia* (état d'un homme qui est sans loi aucune) et *anomos* (un homme sans loi). Il n'existe toutefois pas de mot meilleur pour exprimer cette pensée ; il faut donc s'y tenir, sauf à expliquer dans une note le vrai sens du mot, comme le fait la version de Lausanne dans 2 Thess. 2 : 8.

M. Segond a bien toujours traduit *anomia* par iniquité, excepté dans I Jean 2 : 4, où il importait tant de le faire.

Quant à *anomos*, il le traduit tantôt par *malfaiteur* : Marc 15 : 28 ; Luc 22 : 37 ; tantôt par *impie* : Act. 2 : 23 ; 2 Thess. 2 : 8 ; tantôt par *méchant* : I Tim. 1 : 9 ; enfin par *criminel* : 2 Pier. 2 : 8, où il figure comme adjectif. Lausanne traduit toujours par *inique*, sauf I Cor. 9 : 21, où l'emploi du mot *inique* aurait présenté un contre-sens flagrant ; car, dans ce passage, *anomos* est pris dans le sens restreint de « sans la loi mosaïque. » De même Rom. 2 : 12.

CONCLUSION

M. Segond dit dans la Préface de sa traduction qu'une version doit être *exacte, claire* et *correcte.*

Sous le rapport du langage, la version de M. Segond est la version française la plus claire et dont le style est le plus limpide. Mais cette clarté et cette limpidité sont souvent acquises au détriment de l'exactitude. La version de M. Segond n'est pas toujours claire au point de vue du fond, des idées ; vu que souvent elle confond ce que les textes originaux, dans les deux testaments, distinguent ; ne rappelons que ce qui a été dit au sujet des *sacrifices* et de la traduction du 3° chapitre de la 1re épitre de Jean. C'est dire qu'elle n'est, quant au fond et abstraction faite de la forme, ni toujours claire, ni exacte. Il y a plus : elle n'est pas *fidèle* au point de vue de la foi et de l'harmonie des différentes parties des oracles de Dieu. Les passages messianiques cités en sont la preuve. Elle ne saurait donc être un guide sûr pour le chrétien qui croit à l'inspiration des Ecritures, et veut les sonder dans leur ensemble et dans les détails, afin de toujours mieux connaître la plénitude insondable de la personne déo-humaine et de l'œuvre rédemptrice de Jésus-Christ, et la vie qu'il communique à ses rachetés.

LA VERSION DITE DE LAUSANNE

Il est certain, — et les adversaires de l'introduction dans les Eglises de versions infidèles, dans l'intérêt même de la sainte cause qu'ils défendent, devraient le reconnaître en toute franchise, — les versions de Martin et d'Ostervald ne peuvent pas servir à une étude approfondie, en particulier des parties prophétiques et poétiques de l'Ancien Testament. Or, ce qui distingue avantageusement notre époque, c'est que la théologie se vulgarise, comme les autres sciences humaines ; il est donc absolument indispensable que le simple chrétien ait entre les mains une version scrupuleusement exacte, et que, pour le Nouveau Testament, il soit au courant au moins des principales variantes du texte grec.

Il n'y a qu'une seule version française de la Bible, on peut même dire qu'il n'y en a pas d'autre dans les diverses langues que parlent les Eglises de toute la chrétienté, qui puisse être un guide sûr pour le croyant qui ne peut pas directement avoir recours aux textes originaux : c'est *la version de Lausanne*.

Ce qui distingue la version de Lausanne, c'est *l'exactitude*, la plus scrupuleuse exactitude, et *l'uniformité* de traduction, qui en est une conséquence nécessaire, mais que toutes les versions parues jusqu'ici soit en français, soit en allemand, soit en anglais, ont négligée ; il faut qu'une concordance française de la Bible, corresponde autant que cela est possible avec la concordance hébraïque de l'Ancien ou avec la grecque du Nouveau Testament ; cela est indispensable pour que le simple chrétien puisse étudier la Bible mot après mot. « Comme nous avons appris par une longue et dure expérience, est-il dit dans un avis de la *Nouvelle version de l'Ancien Testament*[1], que ce qui manque avant tout à nos Eglises, c'est une connaissance exacte du contenu de la révélation, à la pleine inspiration de laquelle nous croyons de tout notre cœur, nous nous sommes proposé de rendre aux Eglises le grand service de leur donner une version de l'Ancien Testament *plus exacte qu'aucune de celles qui existent jusqu'à ce jour*, afin que les croyants puissent y trouver un nouveau secours pour se nourrir de la substance et de la moëlle de *la Parole qui peut sauver leurs âmes* (Jacq. 1 : 21)... Vous pouvez avoir de belles traductions de la Bible, mais une Bible tout autre que l'original ; et il peut parfaitement arriver que plus vous étudierez votre Bible, plus vous vous éloignez de la Bible telle que Dieu l'avait faite. Comment ne sacrifierait-on pas volontiers une élégance aussi dangereuse à l'avantage inappréciable d'une traduction plus inculte, il est vrai, mais derrière laquelle on trouve bien sûrement *les choses qui nous ont été données de Dieu* (I Cor. 2: 12). »

La *version de Lausanne* a d'ailleurs l'avantage immense de n'être pas l'œuvre d'un seul savant ; car, si jamais, c'est principalement ici que *deux valent mieux qu'un* (Ecclés. 4 : 9), contrairement à l'opinion de la Compagnie des Pasteurs de Genève, qui disent dans la Préface à la version de M. Segond, que, dès qu'il s'agit d'une traduction entièrement nouvelle, « il devient presque indispensable que l'œuvre prenne un caractère individuel. » Un seul savant laissera involontairement percer ses idées favorites dans sa version. Si la traduction est faite par plusieurs savants, ce grave inconvénient disparaît, surtout s'ils appartiennent à différents pays et à différentes Eglises. C'est le cas de la version de Lausanne qui a été faite par un *collège de traducteurs*. Chaque partie a été ensuite soumise à des *Réviseurs*, dont quelques-uns, comme la liste suivante le fait voir, étaient traducteurs eux-mêmes. Puis l'en-

---

[1] Voici le titre complet de cette petite brochure qui accompagne la 2e livraison de l'Ancien Testament. *Nouvelle version de l'Ancien Testament, publiée à Lausanne par une Société de pasteurs et de professeurs de la Suisse et de la France. Avis.* Laus. 1866. (p. 9 et 11).

semble a été revu par des *Rédacteurs* chargés de veiller particulièrement à l'unité de l'ensemble et à l'harmonie des différentes parties. On le voit aucune précaution n'a été omise.

Voici la liste alphabétique des pasteurs éminents et des savants professeurs et docteurs en théologie dont plusieurs, depuis lors, se sont endormis au Seigneur :

Traducteurs : MM. *H. Berthoud*, pasteur ; *A. Cérésole*, ancien pasteur et professeur ; *G. Cramer*, pasteur ; *A. de Laharpe*, pasteur, Dr *Henri de Laharpe*, professeur, savant orientaliste ; *A. de Mestral*, ancien pasteur, auteur de commentaires sur les Psaumes, la Genèse, l'Exode et le Lévitique ; *F. Dumont*, ancien pasteur ; *J.J. Faure*, ancien pasteur et professeur ; *E. Guers*, pasteur ; *Hippolyte Krüger*, pasteur ; *L. Monastier*, pasteur ; *Adolphe Monod*, professeur à Montauban et pasteur à Paris ; *S. Pilet-Joly*, pasteur et professeur ; *Th. Rivier*, pasteur ; *S. Thomas*, pasteur.

Réviseurs. MM. *Berdèz*, professeur ; *Burkhardt*, pasteur et professeur ; *A Cérésole* ; *R. Clément* ; *G. Cramer* ; Dr *H. de Laharpe* ; *A. de Mestral* ; *J.J. Faure* ; *Lutz*, min. de l'Évangile ; Dr *S. Preiswerk*, pasteur et professeur, auteur d'une grammaire hébraïque ; Dr *Ruetschi*, pasteur ; *S. Thomas*.

Rédacteurs : MM. *F. Olivier*, min. de l'Ev. ; *H. Berthoud* ; *F. Reymond*, pasteur ; *R. Clément* ; Dr *H. de Laharpe*, *H. Olivier* ; *Binder*, professeur.

Agent : *Louis Burnier*, ancien pasteur.

Le Nouveau Testament avait été également traduit antérieurement par un collège de *Traducteurs*, de *Réviseurs* et de *Rédacteurs*. Le lecteur fera bien d'en lire l'histoire intéressante et fort instructive publiée à Lausanne par M. Louis Burnier, en 1866, sous le titre : *La version du Nouveau Testament dite de Lausanne. Son histoire et ses critiques.* Une autre publication du même, fort utile à consulter, est intitulée : *Les mots du Nouveau Testament dans les versions comparées d'Ostervald et de Lausanne.* Laus. 1871.

Puisque la *version de Lausanne* a réalisé les conditions essentielles d'une traduction des Écritures inspirées de Dieu, il peut paraître regrettable que la *Société biblique de France* se donne la peine, dès lors inutile, et fasse les frais considérables, d'une révision d'Ostervald. Une *révision* ne suffit pas ; il faut une version-nouvelle ; c'est avec les auteurs de la version de Lausanne que cette Société biblique aurait dû s'entendre pour une nouvelle et définitive révision, d'après les principes qui sont à la base de cette version. Il est de toute importance que les Eglises évangéliques de langue française aient enfin *une version unique*, en chaire, sur les bancs de l'instruction religieuse, et dans les mains des chrétiens, que des hommes fidèles réviseraient, toujours d'après les mêmes principes, une ou deux fois par siècle. La version de Lausanne seule peut répondre à cette fin.

Puisque la *Société biblique de France* ne l'a pas fait, une nouvelle *Société biblique* devrait se former pour réunir les fonds nécessaires à l'impression en formats divers, et surtout en beau format de poche, de la version de Lausanne. Dans tous ces formats et éditions différentes il devrait y avoir la même pagination, comme c'est le cas pour la Bible Bagster. Rien ne facilite les recherches des passages dans la Bible de divers formats, que si l'œil les retrouve au même endroit de la page. Dans le Nouveau Testament il faudrait l'indication en marge des variantes; dans toute la Bible, l'indication des passages parallèles dits de Mackenzie et de très courtes notes archéologiques, historiques et géographiques, comme celles dont M. Segond a accompagné sa version. Dans les éditions à grand format, on insérerait aussi des cartes géographiques.

Voilà des *desiderata* dont la réalisation ne dépend que du concours des chrétiens jaloux de répandre les oracles de Dieu dans toute leur pureté. Il serait temps de s'entendre et d'agir, avant que des versions infidèles n'aient commencé leurs ravages dans les Eglises.

Il ne faut pas, du reste, confondre la *version dite de Lausanne* avec la *Révision de Lausanne*, qui n'est qu'une révision de la Bible d'Ostervald, faite sous les auspices des sociétés bibliques de Neuchâtel et de Lausanne, dont la première édition a paru en 1823 et la 2me en 1836.

L'Ancien Testament de la *Version dite de Lausanne* a paru en livraisons successives de 1861 à 1872.

Le *Nouveau Testament* en est à sa 4me édition ; cette dernière édition est double, elle a paru en format in-8° et en format in-24.

La première édition parut en 1839 ; la 2me en 1849 ; la 3me en 1859, et la 4me en 1872 in-8° et 1875 in-24°.

La quatrième édition est pour la première fois accompagnée d'un choix de variantes ; l'édition in-8° les a consignées à la fin du volume, sans renvois dans le texte, ce qui est peu pratique ; l'édition in-24 les a imprimées au bas de la page avec renvois dans le texte, cela est plus rationnel. Supérieure, sous ce rapport, aux éditions précédentes, elle leur est légèrement inférieure par suite de quelques corrections malheureuses qui y ont été faites. Citons quelques exemples : Marc 3 : 16 n'est pas aussi exactement traduit dans la 3me et la 4me édition que dans les deux premières ; si la traduction littérale de celles-ci paraît étrange, cet inconvénient se retrouve absolument au même degré dans le texte grec, où il y a un manque complet de liaison syntactique, et cela pour une raison très importante : grâce à cette absence de liaison, il n'est pas malaisé de découvrir l'auteur de l'évangile et la preuve de la plus scrupuleuse exactitude avec laquelle le récit a été composé ; que le lecteur veuille lire à ce sujet ce qu'en dit M. Godet, Etudes bibliques, II, p. 37, (1re édit.) — Dans Matth. 1 : 18, les 3me et 4me éditions ont supprimé un *car* qui est dans le texte grec, ainsi que dans les deux premières éditions ; cette conjonction indique d'une façon très concise que la naissance de Jésus-Christ s'est faite dans des conditions toutes particulières, ce qui est cause que l'évangéliste s'y arrête. Dans Phil. 2 : 20, le mot *mien* est probablement une faute d'impression pour *sien* ; en tout cas, la traduction des trois premières éditions est plus exacte. — Dans I Pier. 3 : 19-20, la quatrième édition dérange l'ordre des mots de façon à donner à la phrase un tout autre sens, en mettant le mot *autrefois* après le mot *lequel* ; tandis qu'en grec et dans les trois premières éditions, il se trouve après le mot *rebelles*. Que la nouvelle génération de *réviseurs*, qui se prépare, prenne garde de ne pas renverser la belle devise : *De bien en mieux.*

Le mot *alemah* signifie *jeune fille* ou *vierge*, jamais *femme mariée* ; les textes où il figure dans l'Ancien Testament le prouvent incontestablement (voir p. 2). Il y a, en outre, le témoignage des anciennes versions :

Celle des Septante, achevée environ au milieu du IIIe siècle *avant* l'ère chrétienne, traduit *alemah* soit par *néanis* (jeune fille) soit par *parthenos* (vierge). La date de la version et le fait que ses auteurs étaient juifs prouve que ce ne sont pas des idées chrétiennes qui ont pu donner lieu à cette traduction.

Mais une autre version grecque vit le jour environ au milieu du second siècle *après* Jésus-Christ. Il n'en reste plus que des fragments. Son auteur *Aquila* l'avait entreprise dans un but polémique contre l'Eglise chrétienne. D'après la Guémara de Jérusalem, elle aurait même été faite sous les yeux d'*Akiba*, fameux rabbin juif de cette époque, et adversaire acharné des chrétiens ; son zèle et ses travaux l'avaient fait surnommer par ses contemporains le restaurateur de la loi, le second Esdras. Cette version est d'un littéralisme excessif ; elle essaie même d'exprimer en grec des particules intraduisibles. Les Juifs, trouvant la version des Septante trop favorable à la doctrine chrétienne, se servaient de préférence de celle d'Aquila, parce qu'il avait tâché de donner une autre tournure à certains passages ; aussi Justin martyr, Irénée, Jérôme et Epiphane l'accablent-ils de reproches à ce sujet ; bien à tort, au fond, car ses modifications sont le plus souvent fort inoffensives, et, si elles trahissent le désir de déplaire aux chrétiens, elles n'en démontrent pas moins l'impuissance dans laquelle il se trouvait de nuire à leur doctrine, enchaîné qu'il était par le sens connu des mots, sens qu'il ne pouvait altérer. Ainsi au Ps. 2 : 2, voulant éliminer le mot *christos* (oint), détesté des Juifs depuis que ce mot fut devenu le titre glorieux du Seigneur Jésus, il traduit le mot hébreu *Maschiach* (oint, d'où le mot français

Messie) par *éleimmenos*, qui signifie également *oint*. Comment Aquila n'aurait-il pas essayé d'ôter sa base scripturaire à la naissance de Jésus-Christ d'une vierge ? Les Septante avaient traduit dans Es. 7 : 14 le mot *Alemah* par *Parthenos* (vierge) ; que fera Aquila ? il n'a pas encore l'audace de nos savants modernes ; le sens du mot était trop fixé à cette époque, ni Aquila ni Akiba n'y peuvent rien ; Aquila ne dira donc pas *jeune femme* ; il se sert du mot *néanis*, qui signifie *jeune fille*. Il a changé le mot, l'idée reste.

Ainsi, soit le contexte des passages où le mot *Alemah* figure, soit les deux plus anciennes versions grecques faites par des Juifs, dont la seconde a été faite dans un but de polémique contre l'Eglise, fixent d'une façon certaine le sens de ce mot : *jeune fille* ou *vierge*, jamais *femme mariée*.

Mais sur quoi s'appuient nos contradicteurs pour enlever au mot en question son sens évident ?

Ils disent que *bethoulah* signifie *vierge*, et que le prophète ne se sert pas de ce mot. C'est vrai ; *bethoulah* signifie *vierge* ; il exprime l'idée même de la virginité : une *vierge intacte* (*virgo illibata*). Mais cela ne prouve pas que *Alemah* puisse désigner une femme mariée. En français nous avons le mot *vierge* ; mais nous avons aussi ceux de *jeune fille*, de *demoiselle*. L'état de jeune fille, de demoiselle, n'implique-t-il pas, dans l'ordre normal, la virginité ? et dans ce cas, *jeune fille*, *demoiselle* et *vierge* ne sont-ce pas des expressions synonymes ? La seule idée que, d'après l'étymologie, le mot *alemah* renferme à côté de la virginité, c'est celle de la nubilité.

Mais ce n'est pas là le véritable argument de nos adversaires. Au fond ils avouent eux-mêmes que *alemah* ne peut pas signifier une *femme*, c'est-à-dire une femme mariée. Voici les téméraires et équivoques paroles d'un traducteur de la version libérale entreprise par la Société biblique protestante de Paris, M. Ath. Coquerel fils, (*La version d'Ostervald et les société bibliques. Extraits du Lien* par quelques laïques, Paris 1862, p. 9) : « Bien des gens préfèrent un sens qui convient « à leur orthodoxie au sens indubitable du texte sacré. Ainsi « dans le fameux passage d'Esaïe, où l'on a vu une prophétie

« de la naissance miraculeuse (Es. 7 : 14), il n'y a rien de pa-
« reil ; le mot *vierge*, qu'on y introduit, n'y est pas. L'origi-
« nal hébreu ne porte pas *betoula* (vierge), mais *alma*, qui
« signifie toute personne du sexe féminin, en âge de devenir
« mère. Il s'agit donc d'une naissance tout ordinaire ; il n'y
« a là de miracle, et de prophétie messianique, qu'au moyen
« d'une faute de version qu'on reprocherait à un commençant. »

M. Coquerel aurait-il osé avancer que *alemah* puisse désigner une *femme mariée*? car c'est bien là le nœud de la
question! Non, il dit simplement : « *alma* signifie toute personne du sexe féminin en âge de devenir mère. » A la rigueur
nous pouvons accepter cette définition, seulement nous serons
plus explicites et nous dirons : toute personne du sexe féminin en âge de devenir mère et qui n'est pas une femme mariée, est, dans l'ordre normal, une vierge.

Ces paroles de M. Coquerel donnent la mesure de la confiance qu'on peut avoir dans les hautes affirmations de certains
savants. On serait plus franc et plus sincère si l'on disait tout
ouvertement : *alemah*, qui, d'après le contexte, signifie évidemment *jeune fille* ou *vierge* dans tous les passages où il se
rencontre dans l'Ancien Testament, ne peut pas avoir cette si-
gnification dans le seul passage Es. 7 : 14, parce que là le contexte indique qu'il s'agit non d'une jeune fille, mais d'une jeune
femme mariée, la jeune épouse du prophète.

C'est à cela que revient ce que dit le savant Winer dans
son dictionnaire hébraïque, où, après avoir déclaré que *alemah*
signifie *vierge nubile* (*virgo pubes*), il ajoute que ce mot peut aussi
signifier une *jeune épouse*, et s'appuie, non pas sur Prov. 30 : 19,
passage qui lui semble peu favorable à sa thèse, mais précisément
sur Es. 7 : 14. Voici, du reste, l'article complet, avec la seule
omission des citations arabes et syriaques, et des mots de la fin
ne se rapportant plus à ce sujet : « *Alemah, virgo* pubes. Gen. 24 :
« 43 ; Exod. 2 : 8. Per se quidem non declaratur hoc vocabulo,
« *nupta* sit virgo nec ne, tori nescia an secus (quanquam in
« ea causa non multum tribuendum putaverim loco, Prov. 30 :
« 19), itaque potest etiam *conjux juvenis* significari, ut Jes. 7 : 14,
« secundum multos interpretes, quibus nuper accessit *Gesenius*. »

On voit le cercle sans issue dans lequel on se meut. Nos adversaires disent : alemah doit être traduit dans le passage Es. 7 : 14 par jeune femme, parce qu'il s'agit là de la jeune épouse du prophète. L'Eglise chrétienne universelle, d'accord en cela avec la toute ancienne synagogue juive, dit : il faut traduire Es. 7 : 14 par *jeune fille* ou *vierge*, parce que partout ailleurs le mot en question signifie cela. Puis elle ajoute : donc il ne s'agit pas ici d'une jeune épouse du prophète.

Mais serait-il possible d'appliquer le passage en question à la naissance d'un fils du prophète ? Que les rationalistes qui rejettent toute prophétie s'efforcent de faire d'Emmanuel un simple fils d'Esaïe, cela ne doit pas nous étonner ; car du moment qu'on admet a priori qu'il ne peut pas s'appliquer au Messie puisqu'il n'y a pas de prophétie, il faut bien qu'il ait un sens quelconque, et le plus simple alors, c'est de l'appliquer à Esaïe en supposant qu'il avait une jeune femme qu'il venait d'épouser. Mais que M. Segond, qui admet le surnaturel et la prophétie, puisse partager cette opinion, c'est là ce qui est étonnant. C'est bien là, en effet, la pensée de M. Segond ; il le dit ouvertement (*Le prophète Esaïe*, page 41, Sommaire) : « Esaïe rassure Achaz, annonce la chute des deux monarques alliés, et donne pour signe la naissance d'un enfant de sa jeune femme, lequel portera le nom d'Emmanuel, c'est-à-dire, Dieu avec nous : avant que cet enfant sache discerner le bien et le mal, la chute des rois de Syrie et d'Israël sera consommée. » Est-il impossible, d'après le contexte, de reconnaître en Emmanuel le Messie ? Serait-il possible, d'après le contexte, qu'Emmanuel fût un simple fils du prophète ?

Telle est la double question que nous allons rapidement examiner.

Puisque le sens du mot *alemah*, tel qu'il ressort de tous les autres passages où ce mot figure, paraît douteux à nos contradicteurs, dans notre passage, malgré la version des Septante et celle d'Aquila, laissons le 14e verset de côté.

Dans le verset 15, traduit comme il l'est habituellement, l'interprétation messianique rencontre une difficulté, qui, pour ne pas être insoluble même avec la traduction habituelle, est cependant assez grande pour que la *Bible annotée* (p. 75) pense qu'il pourrait y avoir peut-être une corruption du texte. Une hypothèse pareille, qui n'a pas le moindre appui dans le texte ni dans l'existence de la moindre variante, n'est pas permise; ce serait une méthode trop commode pour se débarrasser des difficultés si nombreuses dans la Bible, et elle ouvrirait la voie à un arbitraire sans frein ni mesure.

Le verset 15 parle d'une dévastation totale du pays; car se nourrir exclusivement de crème et de miel, est l'indication que le pays n'est plus cultivé, qu'il ne présente que des pâturages (voir vers. 21-25). Cette dévastation est causée par la puissance orientale que le prophète appelle ici *Assur*; plus tard, quand l'horizon prophétique se sera élargi devant ses regards (car il y a une loi de perspective prophétique), il l'appellera de son vrai nom Babylone, qui à cette époque-là ne formait encore qu'une province de l'empire assyrien. En tout cas, il n'est pas permis de penser à une incursion temporaire d'une armée ennemie, car il y en a eu de pareilles à toutes les époques; il s'agit de la catastrophe finale, de la chute du royaume de Juda et de la captivité de Babylone. Or cela n'arriva que plus d'un siècle plus tard. Il est donc absolument impossible d'appliquer à un simple fils du prophète les paroles du 15° verset, qui montrent Emmanuel subissant les conséquences de la dévastation, c'est-à-dire ne se nourrissant que de lait et de miel. A cette impossibilité chronologique vient s'en joindre une autre, que nous avons déjà indiquée dans l'avant-propos (p. x). C'est le passage Es. 8 : 8, dont la tournure est trop grandiose, trop solennelle, pour qu'on ne ressente pas un véritable désappointement si les mots « le déploiement de ses ailes remplira la largeur de ta terre, ô Emmanuel, » s'appliquaient au petit garçon du prophète. Nul que Jéhovah lui-même, ou son Messie, n'a, d'après l'Ecriture, le droit d'appeler la terre d'Israël *sa* terre, comme c'est le cas ici.

Cette interprétation écartée, passons à l'explication messianique. — Nous n'en hasarderons pas une qu'on pourrait donner même avec la traduction habituelle de notre passage, car nous croyons celle-ci inexacte. La préfixe *Le* marque la direction vers l'objet ou la personne désignée par le mot auquel elle est jointe. Quand elle sert à désigner le temps, le moment où une chose se passe, elle peut signifier *jusqu'à ce que*; mais elle signifie aussi *lorsque*, par ex. 2 Sam. 18 : 29. Avec Hofmann (Weissag. u. Erfül. I p. 226), nous pensons que c'est ainsi qu'il faut traduire ici.

En outre, avec le même savant exégète, nous pensons que les mots *rah* (*mal*) et *tob* (*bien*), étant ici en rapport avec la nourriture d'Emmanuel, doivent se traduire par *mauvais* et par *bon*. C'est bien là ce que signifient ces mots dans le passage 2 Sam. 19 : 35 (en hébr. 36), où Barzillaï, invité par David à habiter son palais et à se laisser entretenir par lui, lui répond : « Je suis aujourd'hui âgé de quatre-vingts ans, connaîtrais-je ce qui est *bon* (*tob*) d'avec ce qui est *mauvais* (*rah*)? ton esclave, savourerait-il ce qu'il mangerait et ce qu'il boirait?... » Enfin le mot *ki*, au commencement du 16e verset, nous le traduisons par *oui, certainement*, comme p. ex. Gen. 4 : 23; 31 : 42; Nomb. 22 : 33; Job 8 : 6; Es. 15 : 1, etc.

Nous obtenons ainsi la traduction suivante :

15. *Il mangera de la crème et du miel, lorsqu'il saura rejeter ce qui est mauvais et choisir ce qui est bon*; c'est à dire que, tout en étant d'âge à savoir repousser une nourriture trop fade pour en choisir une plus substantielle, Emmanuel sera réduit à ne tirer sa subsistance que des produits naturels du sol, à cause de la dévastation qui a eu lieu, par suite du châtiment de Dieu sous lequel le pays et ses habitants se trouvent encore. — Un détail qui confirme cette manière de traduire, c'est que, dans toutes les langues, l'hébreu y compris, quand on parle du bien et du mal, de ce qui est bon ou de ce qui est mauvais, c'est toujours l'idée du bien ou du bon qui se présente la première à la pensée, et qu'on énonce la première; on ne dit dans aucune langue : choisir entre le mal et le bien, mais entre le bien et le mal; c'est également ainsi que s'exprime Barzillaï dans sa réponse à David : « pourrai-je distinguer ce qui est bon d'avec ce qui est mauvais? » Or, dans notre passage, les termes sont renversés. Pourquoi cela? C'est qu'Emmanuel a devant lui une nourriture fade qui commence

à le fatiguer ; la première idée qui se présente dès lors à son esprit, c'est de repousser ce qu'il trouve mauvais pour choisir une nourriture meilleure. Ce rapport étroit et logique entre les sensations du moment et l'idée qui les exprime disparaîtrait complétement ici s'il s'agissait de choisir le bien moral et de repousser le mal moral. On chercherait en vain pourquoi le prophète a dérogé à un usage universel en renversant les termes, en disant repousser le mal et choisir le bien.

Vers. 16. *Oui*, [même avant cette époque] *avant que l'enfant sache rejeter ce qui est mauvais et choisir ce qui est bon, la terre dont tu redoutes les deux rois sera désolée.*

Voici maintenant comment l'oracle s'est accompli :

Dans sa vision, le prophète voit dans le même horizon lointain, autant que Dieu, dans ce moment, permet à son regard de le sonder, et sans qu'il puisse distinguer aucun intervalle de temps, deux choses qui, distinctes quant au temps, tel que nous le comptons, se trouvaient néanmoins dans le rapport de la plus étroite causalité : l'invasion dans le pays du Messie d'une puissance orientale qui le dévaste et le dépeuple, et le Messie vivant au milieu des conséquences directes de cette invasion, forcé, malgré lui, d'en accepter les conséquences. Dans la puissance orientale qui envahira le pays, le prophète, dans ce moment, ne reconnaît que la première puissance dont Dieu s'est servi pour châtier définitivement son peuple, le roi d'Assur, qui a mis fin à l'existence nationale du royaume des dix tribus ; plus tard, le regard du prophète discernera derrière cette puissance celle de Babylone ; Daniel et Zacharie verront d'autres puissances surgir après Babylone ; ce seront les Mèdes et Perses, les Grecs, la Syrie (Antiochus Ephiphane) et finalement Rome. Ce n'est que quand le pays d'Emmanuel sera sous la puissance romaine qui, selon la volonté de Dieu, était complétement masquée par l'apparition du roi d'Assur dans le champ de la vision du prophète, qu'Emmanuel naîtra miraculeusement. Son pays sera toujours sous la domination de la puissance du monde, et il subira malgré lui, en en souffrant, les conséquences d'un état de choses qui a ses premières racines dans l'infidélité de la maison de David, éclatant au grand jour dans l'incrédulité railleuse d'Achaz. Le prophète ayant vu dans sa vision les premières conséquences de l'exil, la dévastation du sol, c'est sous la forme d'un homme qui, malgré lui, est obligé de se contenter de la nourriture peu substantielle des productions naturelles du sol, qu'il dépeint l'état de pauvreté et de dénuement du Messie. Dans toute prophétie il faut savoir saisir l'idée réelle qui est cachée par l'image. Dans le même ordre d'idées Esaïe décrira plus tard le Messie comme « défait de visage, plus qu'aucun homme, et d'aspect plus que les fils des hommes » (52 : 14), n'ayant ni forme ni éclat quand on le regarde, ni aucune apparence pour qu'on le désire (53 : 2, 3). S'il s'agit, au contraire, de décrire la gloire du règne messianique, Dieu montrera au prophète le lion, l'ours et la vache paissant ensemble ; un enfant étendant ses mains dans le trou d'un basilic etc. Pour décrire le même heureux état de choses le prophète s'ecriera : « heureux vous qui semez auprès de toutes les eaux, laissant en liberté le pied du bœuf et de l'âne » (32 : 20). De même Jacob bénissant ses fils décrit le bonheur du temps messianique sous des images qui indiquent la plus grande abondance de biens matériels : il y aura tant de vin, qu'on y lavera ses vêtements, on attachera l'âne au cep de vigne, les yeux seront rouges de vin (Gen. 49 : 11-12). D'ailleurs, nous n'hésitons pas à dire que la parole de Dieu étant infinie, et certaines prophéties s'étant accomplies dans l'histoire de Jésus-Christ de la façon la plus littérale possible (le partage de ses vêtements, le vinaigre qu'on lui a offert, son côté percé etc.), il se peut que le Seigneur avant son ministère public, seul soutien de sa mère, après la mort de Joseph, ait été parfois réduit malgré lui à la nourriture la plus simple.

Le verset 15 bien traduit ne présente donc aucune difficulté à l'interprétation messianique pour ceux qui croient à la prophétie ; tandis que, de quelque façon qu'on le traduise, il ne peut pas s'appliquer à un simple fils d'Esaïe ; il serait tout aussi difficile de l'appliquer à un roi de Juda quelconque.

Le verset 16 ne présente pas non plus de difficulté à l'interprétation messianique : avant même que Juda soit dévasté

et dépeuplé, ou pour rester dans la vision du prophète, avant
que le Messie subisse les conséquences de cette dévastation
(car, comme nous l'avons vu, ces deux époques se confondent
en un seul moment pour le prophète), le royaume des dix tribus et la Syrie seront devenus la proie du roi d'Assur. Le
royaume d'Israël perdit, en effet, son indépendance. Un grand
nombre de ses habitants furent déportés vingt ans après
notre oracle, sous Salmanassar. Les restes des dix tribus demeu-
rés dans le pays, ne cessèrent cependant de former un peuple dis-
tinct que plus tard quand Esar-haddon (Esdr. 4 : 2) fit transporter
sur le territoire de l'ancien royaume des dix tribus les popula-
tions énumérées 2 R. 17 : 24 et suiv. ; car alors ils se mêlè-
rent complétement avec ces peuplades étrangères, et de ce
mélange sortit la nation samaritaine, si hostile aux Judéens
de retour de la captivité babylonienne. Cela arriva, selon les
calculs des chronologistes juifs, dans la 22me année de Ma-
nassé, roi de Juda, par conséquent juste soixante-cinq ans après
qu'Esaïe eut rendu cet oracle. C'est ainsi que s'accomplit le
verset 8me de notre chapitre. Là encore la *Bible annotée*
(p. 72) est prête à admettre assez facilement une corruption
du texte dont il n'y a cependant aucune trace.

Nous le répétons, le 7me chap. d'Esaïe ne présente pas de difficulté à l'interprétation messianique ; de plus, le verset 8 du
chap. 8 ne s'explique que si le chapitre précédent s'applique
au Messie ; enfin le Nouveau Testament, dans Matth. 1 : 22-23,
suppose cette interprétation.

Dès lors la seule raison des exégètes rationalistes pour
détourner le mot *'alemah* de son sens habituel tombe, et
l'Eglise chrétienne continuera, dans ses fêtes commémoratives
de la naissance de Jésus-Christ, à lire, sans réticence et sans
restriction mentale, le passage d'Esaïe 7 : 14 comme on l'a lu
de tout temps : VOICI, LA VIERGE SERA ENCEINTE, ET ELLE ENFAN-
TERA UN FILS ET L'APPELLERA DU NOM D'EMMANUEL !

EXTRAIT D'UNE PUBLICATION

INTITULÉE

*Quelques Notes sur la traduction de la Bible par le D^r L.
Segond (Ancien Testament,) par un ancien Pasteur.*

Mon travail était à peu près terminé quand une critique de
la version de M. Segond, sous le titre transcrit ci-dessus, me
fut remise. Ces *Notes* forment 24 pages in 4° lithographiées.
L'auteur en est, dit-on, M. Hippolyte Krüger, entré depuis lors
dans le repos de son Dieu. C'est le dernier service que ce
vénérable serviteur de Dieu aura ainsi rendu à la cause sacrée
de la Bible, lui qui avait déjà été collaborateur de la version
de Lausanne, et avait également travaillé à la révision de la
version d'Ostervald entreprise par la Société biblique de France.
Je transcris ici les passages qui ne sont pas déjà relevés dans
les pages qui précèdent, ne laissant de côté que quelques
passages douteux ou incriminés à tort, et prenant comme terme
de comparaison la version de Lausanne en tant qu'elle est
l'expression fidèle du texte original, tandis que l'auteur des
Notes a mis en regard la version d'Ostervald.

Qu'on me permette une observation : L'auteur parle en
plusieurs endroits de passages chers aux chrétiens, qui ne se
retrouvent pas dans la version de M. Segond. J'avoue que ce
n'est pas là un argument. Il ne s'agit pas de savoir si tel
passage nous est devenu cher, car s'il était mal traduit, il
faudrait évidemment le sacrifier ; il s'agit de savoir ce que
disent la grammaire, le dictionnaire et l'harmonie des oracles de
Dieu. L'auteur termine son travail par une longue et intéressante dissertation sur le passage Daniel 9 : 24-27. Comme
M. Segond suit au verset 25mo la ponctuation massorétique,
si contestable qu'elle soit ici, il n'y a pas à l'incriminer de
ce chef, selon nous ; toutefois, M. Segond laisse de côté, précisément dans cette partie du passage, un *et* très important, et

traduit inexactement les mots *ve ein lo*, qui signifient *et rien pour lui* ou aussi *et non pour lui* (Laus) ; M. Segond traduit : *et il n'aura pas de successeur.*

Dans la seconde partie de son travail, l'auteur des *Notes* proteste énergiquement en faveur des passages messianiques éclipsés dans la version de M. Segond.

Voici des erreurs ou de simples inexactitudes de traduction qui ne sont pas relevées déjà dans notre travail.

Gen. 6 : 3. Ne *contestera* pas (L) ; M. Segond : ne *restera* pas.

18 : 11. Sarah n'avait plus ce que les femmes ont coutume d'avoir (Laus) ; M. Segond : ne pouvait plus avoir d'enfants ; tandis que Gen. 31 : 45, M. Segond dit comme le texte hébreu : j'ai ce qui est ordinaire aux femmes.

22 : 18 et 26 : 4. *seront bénies* (L) ; M. Segond : *voudront* être bénies.

32 : 28, avec *les* hommes (L.) ; M. Segond : avec *des* hommes.

35 : 13, *remonta* d'auprès de lui (L.) ; M. Segond : *s'éleva au-dessus* de lui.

35 : 18, comme son âme *sortait*, car elle *mourut* (L.) ; M. Segond : comme elle *allait rendre l'âme*, car elle *était mourante.*

Lév. 19 : 17 tu *reprendras* (L.) ; M. Segond : tu *pourras reprendre.*

Deut. 32 : 43 Poussez des cris de joie, *nations [qui êtes] son peuple* (L.) ; M. Segond : *Nations*, chantez les louanges *de son peuple.*

1 Sam. 14 : 34. tout le peuple amena *à la main* chacun *son bœuf* (Laus.) ; M. Segond : chacun parmi le peuple amena *son bœuf par la main.* (!).

Job. 11 : 6. comment [elle te dépasse] *du double* en prudence (Laus.) ; M. Segond : de *son immense sagesse.*

12 : 4. On dirait que vous êtes tout *un peuple* (L.) M. Segond : on dirait que le *genre humain* c'est vous.

6

Ps.　4 : 4 (3). l'Eternel *distingue* celui qui *l'aime* (L.) ; M. Segond : l'Eternel *s'est choisi un homme pieux*.

8 : 6　tu l'as fait de peu inférieur *aux dieux* ; M. Segond et Laus. traduisent : *à Dieu*. On peut parfaitement mettre le singulier ; mais il n'en est pas moins vrai qu'on peut mettre le pluriel en entendant par *dieux* les êtres célestes, les *anges* comme dans d'autres endroits de l'Ancien et du Nouveau Testament. La version des Septante traduit par *anges*, et l'auteur inspiré de l'épître aux Hébreux sanctionne cette manière de traduire.

16 : 8　*parce qu'il* est à ma droite (L.) ; M. Segond : *quand* il est.

22 : 8　ils grimacent des lèvres (L.) ; M. Segond : ils ouvrent la bouche.

32 : 9　il n'approche point de toi (L.) ; M. Segond : *afin qu'il* ne s'approche point de toi. C'est un contre-sens.

45 : 2 (1) une parole excellente (L.) ; M. Segond : des paroles pleines de charmes.

45 : 4 (3) ceins sur *ta hanche* ton épée (L.) ; M. Segond omet les mots *sur ta hanche*, quoiqu'ils soient dans le texte.

63 : 2 (1) ma chair *(L.)* ; M. Segond : mon corps.

63 : 6 (5) de moëlle et de graisse (L.) ; M. Segond : *mets gras et succulents*.

116 : 1　j'aime (L.) ; M. Segond : je me réjouis.

118 : 8　se confier *dans* l'homme (L.) ; M. Segond ; *à* l'homme.

118 : 24　égayons-nous et réjouissons-nous en elle (L.) ; M. Segond : qu'elle nous soit un jour d'allégresse et de joie.

119 : 32　je *courrai* dans la voie de tes commandements *quand* tu auras mis mon cœur au large (L.) ; M. Segond : je *cours… car* tu as mis…

120 : 5   *en* Méschec (L.); M. Segond : *à* Méschec ; comme si Méschec était une ville.

Prov.   13 : 3   celui qui tient ses lèvres ouvertes (L.); M. Segond : celui qui ouvre de *grandes* lèvres.

Eccl.   10 : 9   en *est* en danger (L.); M. Segond : en *éprouvera* du danger.

Es.   6 : 6   *charbon* ardent (L.); M. Segond : pierre ardente.

6 : 11   réduit en désolation (L.); M. Segond : ravagé par la solitude.

12 : 6   habitante (L.); M. Segond : habitant.

51 : 14   celui qui *est courbé* [sous les fers] (Laus); M. Segond : celui qui *courbe* sous les fers.

53 : 5   percé (L.); M. Segond : blessé.

53 : 11   il *verra* [le fruit] du tourment de son âme et [en] *sera rassasié* (L.); M. Segond : *délivré* des tourments de son âme, il *rassasiera ses regards.*

53 : 11.   par sa *connaissance* le juste, mon esclave, justifiera beaucoup de gens, (L.), c'est-à-dire par la connaissance qu'on a de lui, le Messie, justifiera beaucoup de gens. M. Segond dit : par *sa sagesse* mon serviteur justifiera...

63 : 9.   dans toutes leurs détresses il *a été en détresse* (L.); M. Segond : dans toutes leurs détresses il *a été leur secours.*

Jér.   10 : 24   avec juste mesure (L.); M. Segond : avec équité.

21 : 6   grande (L.); M. Segond : affreuse.

Lam.   3 : 17   *j'ai oublié* le bonheur (L.); M. Segond : je ne *connais* plus...

Ezéch. 5 : 11   si, parce que tu as souillé mon sanctuaire..., *je ne* [te] *retranche, moi aussi,* sans que mon œil épargne (L.); M. Segond : parce que tu as souillé mon sanctuaire..., *moi aussi je retirerai mon œil,* et mon œil sera sans pitié.

L'EMPLOI DE LA VERSION DES SEPTANTE

par les auteurs inspirés du Nouveau Testament

Une remarque de l'auteur des *Notes* ci-dessus (p. 11) sur l'emploi de la version grecque, dite des Septante, par les apôtres, comme preuve que ceux-ci, quoique ayant reçu le S. Esprit, « n'étaient pas affranchis de toutes les erreurs de leur temps » , me paraît assez grave pour traiter ici cette question aussi brièvement que le sujet le permet.

L'origine de la version grecque de l'Ancien Testament est tellement mêlée de fables qu'il n'est plus possible de reconnaître la vérité. Selon la tradition, elle fut faite à Alexandrie, en Egypte, sous le roi Ptolémée Philadelphe, qui régna de 285 à 247 avant l'ère chrétienne. Ce qui est certain, c'est qu'elle existait déjà sous le règne de son successeur Ptolémée Evergète (247-222), comme le prouve un passage du prologue du livre apocryphe l'*Ecclésiastique* (vers. 7 et 8), où Jésus, fils de Sirach, dit qu'il est venu en Egypte sous le roi Ptolémée Evergète et qu'il y trouva une traduction de *la Loi*, des *prophètes* et *des autres livres*. Par suite de la dispersion des Juifs dans tout le monde grec et romain, cette antique version se répandit avec eux. Le texte s'en altéra de bonne heure par suite du grand nombre de copies qui en furent faites, à ce point qu'on n'est pas parvenu à rétablir le texte authentique. Des variantes, notamment entre le texte alexandrin et celui du Vatican, prouvent, en outre, que des copistes chrétiens ont modifié le texte dans le but de le rendre plus conforme, dans une certaine mesure, aux citations de l'Ancien Testament dans le Nouveau. Mais il est impossible de déterminer dans quelle mesure exacte ces altérations ont été faites.

Si pendant longtemps on a cru, bien à tort, qu'elle était inspirée, puisque les apôtres la citent, aujourd'hui on tire de ces citations une preuve contre l'inspiration plénière des Ecritures du Nouveau Testament.

Chaque lecteur attentif du Nouveau Testament est frappé, en effet, de la différence qui existe entre un grand nombre de passages cités dans le Nouveau Testament et ces mêmes passages tels qu'ils se trouvent dans l'Ancien. On écarte trop facilement cette difficulté en disant que, malgré leur inspiration, les apôtres ont pu parfois se tromper. Le don du St Esprit aux apôtres ne garantit nullement, cela est vrai, leur infaillibilité personnelle. Le Nouveau Testament prouve le contraire : Gal. 2 : 11-15.

Mais un écrivain du Nouveau Testament écrivant un livre inspiré, quoiqu'il s'exprime dans le langage et le style qui lui sont habituels, et qu'il rédige, soit de mémoire, soit d'après les sources qu'il a sous les yeux, est de telle façon sous l'influence du St Esprit que ce qu'il écrit est comme si c'était une parole même de Dieu. Cela ressort du témoignage que le Seigneur rend à l'Ecriture et de celui que l'Ecriture se rend à elle-même ; à savoir : qu'elle est dans toutes ses parties divinement inspirée (2 Tim. 3 : 16), inébranlable ou inviolable dans chacune de ses expressions (Jean 10 : 35 ; Matth. 22 : 29-32), et, comme nous venons de le dire, que chaque parole de l'Ecriture est en même temps une parole de Dieu, comme si Dieu l'avait prononcée ou écrite (Matth. 19 : 4-5, comp. avec Gen. 2 : 24, et Hébr. 1 : 5, 6, 7, 8, 13). Que le lecteur ne cherche pas ces passages dans les versions de Martin ou d'Ostervald ; ce dernier, dans Matth. 19 : 5, met : *il est dit* ; le texte porte *il dit*, c'est-à-dire *Dieu dit*. A son tour, la version de Martin, dans Hébr. 1 : 7, met : *il est dit* ; tandis que le texte porte : *il dit*, c'est-à-dire *Dieu dit*. Qu'il veuille lire ces passages dans la version de Lausanne ou même dans celles de M.M. Segond et Oltramare, quoiqu'elles renferment, Jean 10 :

35, un *si* qui n'est pas dans le texte et qui, selon l'explication qu'on pourrait en donner affaiblirait le sens de cette exclamation de Jésus-Christ, et quoique M. Oltramare, Hébr. 1. 6, mette : *il doit dire*, tandis que le texte porte : *il dit*.

Si donc un auteur inspiré cite la version des Septante, c'est Dieu rappelant, par le moyen de la version grecque, ce qu'il avait auparavant dit par les auteurs inspirés qui avaient écrit en hébreu.

Supposons qu'un Français ait composé un mémoire qui doit faire foi dans un procès plaidé en Angleterre. Le mémoire serait traduit en anglais. L'avocat citera sans le moindre scrupule et sans aucun inconvénient des phrases de ce mémoire, quand même il renfermerait certaines inexactitudes de traduction, pourvu que celles-ci ne portent absolument pas sur le fond même de la question ; il ne voudra pas interrompre sa plaidoirie ni sa lecture, en faisant observer sans aucune utilité que tel mot n'est pas exactement traduit. Ni les citations de l'avocat, ni l'acceptation du mémoire par le tribunal ne garantiront l'exactitude absolue de tous les mots de la traduction. Si toutefois dans une phrase il y avait une erreur touchant le fond même de la question, l'avocat y rendrait le tribunal attentif et rétablirait le vrai sens. Dans d'autres parties de sa plaidoirie, au lieu de citer textuellement, il se bornera à résumer ou à rappeler librement tel fait qui y est mentionné, ou encore il se servira d'autres termes que le mémoire pour mieux faire ressortir la pensée de son client.

C'est à peu près ainsi que font les auteurs inspirés du Nouveau Testament, c'est-à-dire Dieu par leur moyen.

Le Dieu souverain, qui fait les miracles les plus étonnants, lui qui à la voix de Josué dérange le cours des astres malgré les lois de la gravitation ou de la transformation du mouvement en chaleur, lui qui arrête le cours du Jourdain devant l'arche de l'alliance, de sorte que les eaux « s'arrêtent en un monceau » malgré les lois de la pesanteur, lui qui fait vivre Jonas dans le ventre du cétacé, — s'abaisse aussi aux moyens les plus humbles, les plus ordinaires quand cela lui convient. Il aurait pu pousser les écrivains sacrés du Nouveau Testament à traduire de l'hébreu les passages de l'Ancien qu'ils citent; au lieu de cela, il les laissa se servir, comme tous leurs contemporains auxquels ils s'adressent, de la version qui se trouvait entre les mains de tous, si imparfaite qu'elle soit sous bien des rapports. Tel a été son bon plaisir. Etait-ce peut-être afin que le simple chrétien, qui cherche à édifier ses frères et à évangéliser le monde au moyen de la version qu'il a entre les mains, ne soit pas découragé à la pensée que le livre qu'il lit n'est pas l'expression parfaitement correcte de ce que Dieu a dit en hébreu ou en grec? Je n'en sais rien; mais c'est probable. Une traduction parfaitement adéquate, qui soit un décalque de l'original, est une impossibilité. Cette impossibilité est voulue de Dieu; elle est une conséquence du péché, et durera aussi longtemps que la confusion des langues, qui date de Gen. 11. Une traduction inspirée serait en réalité une nouvelle révélation nécessairement distincte en quelque point de l'ancienne, car le génie d'une langue n'est pas celui d'une autre; la manière d'envisager les choses d'un peuple n'est pas celle d'un autre. Dieu a choisi un seul peuple pour être l'organe de sa révélation; lui et sa langue avaient été prédestinés à ce but.

Les citations de l'Ancien Testament dans le Nouveau, qui sont au nombre d'environ deux cent soixante-dix (un chiffre rigoureusement exact ne saurait être indiqué; car il n'y a parfois que des allusions à un texte de l'Ancien Testament), peuvent être classées à peu près de la manière suivante:

1° La citation n'est parfois qu'une allusion à un passage de l'Ancien Testament; par exemple: Matth. 5:31, comparé avec Deut. 24:1; ou un simple résumé: 1 Cor. 1:31 comp. avec Jér. 9:24; ou, soit une reproduction libre, soit même un développement de l'idée exprimée par un passage de l'Ancien Testament: 2 Cor. 6:17, comp. avec Jér. 31:1.

Dans ces cas, la citation s'éloigne naturellement autant du texte hébreu que de la version grecque. C'est le Saint-Esprit résumant ou développant des oracles antérieurs, toujours en prenant ces oracles comme point d'appui.

2° Parfois le Nouveau Testament modifie un passage de

l'Ancien d'une façon explicative, au point de vue spécial de la vérité qui doit être prouvée. Ainsi dans Act. 7 : 43, le Saint-Esprit, parlant par la bouche d'Etienne, voulant d'un seul mot indiquer que la nouvelle dispersion du peuple sera beaucoup plus étendue que l'ancienne sous Nabuchodonosor, au lieu de : je vous ferai émigrer au-delà de *Damas*, comme porte le texte hébreu, Am. 5 : 27, et la version grecque, dit : au-delà de *Babylone*. Pour Hébr. 10 : 5-7, comp. avec Ps. 40 : 7-9 (6-8), voir l'explication à la page 4.

3° D'autres fois, des prophéties de deux prophètes différents sont réunies dans le Nouveau Testament en une seule et sont citées sous le nom du plus ancien des prophètes ; en effet, le Saint-Esprit, par la bouche du second prophète, n'a fait que confirmer ou développer l'oracle rendu par le premier ; le vrai auteur étant toujours le Saint-Esprit. Cette classe de citations prouve bien que l'Ecriture veut être considérée comme un tout parfaitement lié dans toutes ses parties. Ainsi il est dit, Marc 1 : 2 : selon qu'il est écrit dans le *prophète Esaïe* (c'est la vraie leçon ; le texte reçu dit à tort: *dans les prophètes*). Marc cite, après ce préambule, la prophétie de Mal. 3 : 1, mêlée à celle d'Es. 40 : 3. Un cas analogue se trouve dans Matth. 27 : 9, 10 comparé avec Zach. 11 : 12-13, et le chap. 19 de Jérémie tout entier, surtout les versets 11 et 12. Comme cet exemple a souvent été cité comme preuve d'une erreur manifeste de la part de l'apôtre écrivant un livre inspiré, nous en donnerons une explication développée d'après Hofmann (dans Weiss. u. Erf. II p. 124 et 127). Les lecteurs qui croient à l'inspiration plénière nous en remercieront ; ceux qui prennent facilement leur parti des prétendues erreurs de l'Ecriture, la trouveront subtile. Nous leur dirons que l'Ecriture est souvent très subtile aussi, surtout dans l'Épître aux Galates ; ce sera un nouvel exemple que parfois l'Ecriture, par un seul mot, révèle ce que nous ne pouvons expliquer que par de longs développements :

A première vue l'on s'aperçoit aisément que Matth. 27 : 9, 10 diffère tellement de Zach. 11 : 12-13, qu'il ne se peut pas que l'évangéliste n'ait eu en vue que ce passage-là. Dans le chapitre 11 de Zacharie, le Berger de Jéhovah, après avoir exercé ses jugements sur les bergers des nations qu'il avait établis (v. 11), voyant que son propre troupeau, Israël, ne se convertit pas, lui annonce qu'il ne veut plus le paître et lui demande son salaire (v. 12) ; on lui donne trente pièces d'argent, le prix de rachat d'un esclave. Jéhovah est indigné de ce salaire dérisoire et dit au Berger de le jeter *au potier* ; c'est comme si nous disions : jette-le à la rue, dans la boue ; s'exprimer ainsi eût, sans doute, été plus clair ; mais Dieu dit : jette-le au potier, d'abord pour rappeler la prophétie antérieure de Jérémie 19, où il est question d'un potier, et ensuite, en vue de l'accomplissement qu'elle a trouvé par suite de la trahison de Judas. Pour jeter l'argent au potier, le Berger le jette « dans la maison de Jéhovah pour le potier » ; celle-ci est donc pour lui l'équivalent d'un champ de potier. Le Berger, dans Zacharie, accomplit ainsi la prophétie de Jér. 19. Le prophète dans ce chapitre descend à *Thophet*, champ d'où les potiers de Jérusalem tiraient l'argile, dans la vallée des fils de Hinnom, près la porte des Potiers ; il y brise une cruche qu'il venait d'acheter, et en jette les morceaux en proclamant que toutes les maisons de Jérusalem seront comme Tophet et qu'on y enterrera ses habitants. Zacharie, par l'acte symbolique du Berger, indique que la maison de Jéhovah elle-même deviendra un Tophet ; elle l'est même déjà à ses yeux puisqu'il y jette son salaire. Matthieu indique ce rapport entre les deux prophéties en ajoutant à la citation des mots qui ne se trouvent pas dans Zach. : « *ils les ont données pour le champ* DU *potier* (celui de la prophétie ; non d'un potier) *selon que le Seigneur m'a commandé,*» et en mentionnant, au vers. 7, la circonstance que ce champ DU potier fut affecté par eux à la *sépulture* des étrangers. Or Judas, étranger à Jérusalem, a été, sans doute, le premier enterré dans ce champ, car il s'étrangla aussitôt après avoir jeté l'argent ; Dieu dirigea les choses de façon à ce que ce fût à Thophet même qu'il accomplît le suicide, car, Act. 1 : 18-19, il est dit : *qu'il a* ACQUIS UNE TERRE *du salaire de l'injustice*. Or Judas est appelé le *guide* de ceux qui ont saisi Jésus ; et ces derniers, dans un sens général, se composent de tout le peuple incrédule (voir Act. 2 : 23 ; 3 : 14, 15 ; 4 : 10) dont les chefs spécialement sont appelés *traîtres* et *meurtriers* (Act. 7 : 52). Judas n'est donc que le représentant de l'ensemble des autorités et des habitants incrédules de Jérusalem ; de même qu'il a été enterré dans ce champ et se l'est ainsi acquis, de même tous les habitants seront enterrés de cette façon, en dehors de leurs propres sépultures, quand, par suite de la trahison et du meurtre de Jésus-Christ, tout Jérusalem sera devenu comme *Thophet*, un champ couvert de débris, comme Jérémie l'a indiqué en y jetant les morceaux de la cruche qu'il y avait brisée.

La citation de Matthieu étant le résumé de deux prophéties, c'est, comme dans le premier exemple, au prophète antérieur, à Jérémie, qu'elle est attribuée. Matthieu inspiré du Saint-Esprit, savait donc fort bien ce qu'il faisait en parlant de Jérémie. S'il avait mentionné Zacharie, personne ne se serait donné la peine de rechercher si, avec l'oracle de Zacharie, un autre oracle indiquant toutes les conséquences du rejet de Jésus pour Jérusalem ne s'était pas accompli en même temps. On aurait simplement été étonné de trouver dans la citation de Mathieu des éléments que Zacharie ne mentionne pas. Sans doute le Saint-Esprit s'exprime d'une façon énigmatique ; il présente au lecteur des oracles de Dieu un véritable hiéroglyphe. C'est que Dieu, qui s'enveloppe de lumière comme d'un manteau (Ps. 104 : 2), habite dans son sanctuaire terrestre dans l'obscurité (I Rois. 8 : 12), et Jésus-Christ s'exprime en paraboles dans le but indiqué Matth. 13 : 10-15, afin que tous ceux qui ne le cherchent pas avec la foi humble de l'enfant ne le trouvent pas. Toute l'Écriture, surtout l'Ancien Testament, n'est qu'une série d'hiéroglyphes.

4° Quand la version des Septante est conforme à l'hébreu, le Nouveau Testament la cite exactement si les passages sont très-courts, par exemple : Rom. 4 ; 18, comp. avec Gen. 15 : 5 ; dans d'autres cas, avec quelques légères modifications dans la forme : Matth. 1 : 23 comp. avec Es. 7 : 14 ; dans ce passage le texte hébreu dit : *elle* l'appellera ; la version des Septante : *tu* l'appelleras ; le Nouveau Testament : *on* l'appellera.

5° Dans les cas où la version grecque ne correspond pas exactement au texte hébreu, le Nouveau Testament suit souvent la version grecque quand les mots dont le sens est autre que l'hébreu ne touchent pas au fond même de la question : Rom. 3 ; 4 comp. avec Ps. 51 : 6 (4).

6° Dans des cas de ce genre, il arrive aussi que le Nouveau Testament s'empare d'une expression qui ne se trouve pas dans le texte hébreu, pour donner un tour plus énergique à la citation, ou comme thème explicatif. Mais si l'on cherche bien, on trouvera que l'expression empruntée à la version des Septante se trouve dans un autre passage du texte hébreu parent de celui qui est cité. Il est même permis de se demander si, dans plusieurs de ces cas, telle expression de la version grecque qui ne se trouve pas dans le texte hébreu ne s'y est pas glissée par la faute des copistes qui l'avaient trouvée dans le Nouveau Testament. Dans Act. 13 : 41 comp. avec Hab. 1 : 5, le mot *contempteur* du passage du Nouveau Testament ne se trouve pas dans Hab. 1 : 5, mais bien dans la version grecque. M. Baumgarten (Apostelg. I p. 380) voit dans l'adoption du mot *contempteur* à cette place, une réminiscence de Hab. 2 : 4, où il est question de ceux qui s'enflent et qui par orgueil méprisent la parole de Dieu. (Voir aussi le commentaire de Calvin sur ce passage.)

7° Enfin, dans les cas où la version grecque traduit mal le texte hébreu, le Nouveau Testament la corrige d'après l'original : Matth. 2 : 15 comp. avec Os. 11 : 1 ; les Septante traduisent là : j'ai appelé *ses fils* de l'Egypte. Rom. 10 : 15 comp. avec Es. 52 : 7, où les Septante n'ont pas bien saisi le sens du passage hébreu, l'apôtre reproduit exactement le texte hébreu en le résumant à la fin. Rom. 11 : 35 comp. avec Job 41 : 3, (2) où les Septante disent tout autre chose. Rom. 12 : 19 et Hébr. 10 : 30 comp. avec Deut. 32 : 35, où la version grecque traduit également inexactement, tandis que le Nouveau Testament est conforme à l'hébreu.

Tout ce que nous avons vu, mais surtout cette dernière

classe de citations, prouve que les auteurs inspirés du Nouveau Testament ne se laissent nullement influencer par la version grecque en aveugles : ils la citent, ou bien ils la modifient, ou la laissent même complétement de côté, selon les motifs particuliers qui les guident, et qui ont leur raison d'être soit dans l'exactitude ou l'inexactitude de la version des Septante, soit dans le sens spécial qu'ils veulent donner à la citation. Ici encore, comme le dit M. Gaussen (Théopneustie p. 240), l'objection bien examinée se transforme en preuve de l'indépendance dans laquelle le Saint-Esprit a su demeurer à l'égard des versions humaines, lorsqu'il a voulu citer dans le Nouveau Testament ce qu'il avait auparavant fait écrire dans l'Ancien.

Béni soit Dieu qui, dans ce monde où il n'y a qu'incertitude, nous a donné une base inébranlable, sa Parole écrite, pour que par son moyen nous apprenions à toujours mieux connaître la Parole vivante, Jésus-Christ, et à demeurer en lui par le Saint-Esprit qu'il nous a donné ! Si des difficultés parfois insolubles se dressent devant le chrétien dans l'étude de l'Ecriture, qu'elles n'ébranlent pas sa foi au témoignage que Jésus-Christ rend à la Bible. Il y a aussi bien des difficultés insolubles que le chrétien rencontre sur le chemin de la vie ; il croit néanmoins que toutes choses travaillent ensemble en bien pour ceux qui aiment Dieu, vu que Dieu les a appelés selon son dessein arrêté.

> Tu me réponds, ô Dieu, mais encor des nuages
> Me voilent les splendeurs, céleste Vérité.
> Que ne puis-je bientôt sur de plus purs rivages,
> Par delà tous les âges,
> Contempler ta beauté !

(P. CORNEILLE.)

UN COUP D'OEIL SUR LA REVISION D'OSTERVALD

de la Société biblique de France.

Ce travail était sous presse quand, grâce à l'offre généreuse faite par la *Société biblique de France*, à tous les pasteurs, d'un exemplaire de la Revision d'Ostervald, qui vient de paraître, il me fut possible de jeter un coup-d'œil sur celle-ci. Les prophéties messianiques s'y reconnaissent parfaitement, cela va sans dire; il n'y a que Gen. 3: 15; 2 Sam. 7: 19 et le passage parallèle des Chroniques et Aggée 2: 7, qui pourraient être plus exactement traduits. Le passage Es. 8: 23, inintelligible dans l'ancien Ostervald, présente un sens parfaitement clair et bien rendu dans la *Révision*. Dans Phil. 3: 21, le corps *vil* a cédé la place au corps de *notre humiliation*. Ce qu'il convient surtout de relever, c'est que les passages où le Seigneur Jésus est appelé Dieu sont exactement traduits, sauf Ephés. 5: 5 et 2 Thess. 1: 12.

Mais il est très regrettable que, comme M. Segond, le réviseur de Gen. 2: 8, ait traduit le premier mot du verset par *puis*; il signifie *et*. Or, comme nous l'avons fait observer ci-dessus, p. 37, ce mot *puis* oblige d'accepter l'hypothèse d'un double récit contradictoire de la création, tandis qu'en laissant au mot *ve* son seul sens *et*, on a simplement un exemple de plus du style narratif de la Bible qui lui est particulier; selon ses convenances, l'auteur sacré observe ou n'observe pas l'ordre chronologique, reprend de plus haut un événement antérieur quand il passe à l'exposition d'une des conséquences de cet événement. C'est le cas pour Juges 1: 10-36, comparé avec Jos. 14: 13-15; 15: 13-19; 17: 11-15; 16: 10; et surtout Jug. 2: 6-9, comp. avec Jos. 24: 29-31; tous ces événements sont antérieurs à Jug. 1: 1-9; 1. R. 7: 13 et suiv. rentre probablement aussi dans cette catégorie de passages, cela semble bien ressortir de la comparaison avec 2 Chr. 2: 11-16, où l'on voit que dès le commencement des constructions Hiram-Abi fut envoyé par le roi Hiram. Ne permettons pas que des théories fausses se glissent peu à peu dans la manière de voir des chrétiens par le moyen de traductions inexactes.

Les nations, dans le Nouveau Testament, sont tantôt des *nations*, tantôt des *Gentils*.—Si les *vieillards* dans l'Apocalypse ont disparu dans la *Révision*, les êtres vivants par contre sont restés des *animaux*. — Le *Paracletos* de l'Évangile de Jean est traduit par *Consolateur*, tandis que dans l'épître le traducteur dit *Avocat*. — Dans 1 Jean 3: 4-10, l'importante différence établie par le texte entre *pratiquer le péché* et *pécher*, est effacée. — Les noms des couleurs du sanctuaire sont plus exactement traduits dans Ostervald que dans la *Révision* ; nous en appelons à l'autorité de De Wette, Stier, MM. Keil, Reuss etc. — La *biche* de Ps. 42: 1, est un *cerf*. — Le *Scheol* (séjour des morts) dans l'Ancien Testament est traduit par *sépulcre*, ce qui est décidément une erreur ; de même l'*hadès* du Nouveau Testament, qui a le même sens, est traduit quelquefois par *sépulcre*, ce qui est encore une erreur, d'autres fois par *enfer*, ce qui donne lieu à une équivoque. — Une version du Nouveau Testament doit nécessairement indiquer les principales variantes ; le respect même pour la Parole inspirée de Dieu l'exige ; la *Révision* n'indique que celle des *trois témoins célestes* dans 1 Jean 5, passage qu'elle met entre crochets. Enfin il ne faut pas chercher dans la *Révision*, pas plus que dans *Ostervald*, l'*uniformité de traduction* ; le lecteur qui ne peut pas recourir aux textes originaux se trouve ainsi dans l'impossibilité de comparer Écriture avec Écriture. — La Révision nous rendra l'immense service de préserver les Églises protestantes évangéliques de langue française de l'introduction de la version de M. Segond, introduction qui serait un désastre, car les oracles de Dieu y sont altérés dans certaines de leurs parties essentielles. Mais la Révision ne saurait remplacer la version de Lausanne, dont on ne peut plus se détacher, une fois qu'on en a l'habitude ; elle remplace presque le texte original. C'est pour cela que, tout en étant reconnaissant envers la Société biblique de France de ce qu'elle a publié une Bible qui préservera des erreurs de la version de M. Segond les personnes trop délicates encore pour aimer la nourriture substantielle de la version de Lausanne, on peut toutefois regretter que cette Société ait fait tant de frais pour une simple Révision qui sera toujours insuffisante ; elle aurait mieux fait, selon nous, de s'entendre avec les auteurs de la version de Lausanne pour une dernière révision de cette œuvre unique.

NOTE SUR II TIM. 4 : 10

On peut regretter que M. Segond ait abandonné le texte de Tischendorf dans le passage 2 Tim. 4 : 10 où, d'après le Sinaïticus, M. Tischendorf dit : *Crescens est allé en Gaule*. Eusèbe, Jérôme, Épiphane, qui lisent *Galatie*, déclarent cependant que ce terme doit désigner non la Galatie de l'Asie Mineure, mais la Gaule. Cette variante du Sinaïticus a sa place marquée dans une version française de la Bible.

FIN

TABLE DES MATIÈRES

CHAPITRE III

CHAPITRE IV

FIN DE LA TABLE DES MATIÈRES

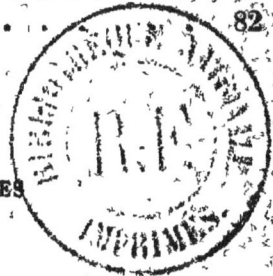

Saint-Amand (Cher). — Imp. et stéréot. de DESTENAY.

www.ingramcontent.com/pod-product-compliance
Lightning Source LLC
LaVergne TN
LVHW050647090426
835512LV00007B/1080